投资项目可行性研究报告编写指南

（2023 年版）

中国国际工程咨询有限公司◎著

中国电力出版社
CHINA ELECTRIC POWER PRESS

内 容 提 要

可行性研究是建设项目前期工作的重中之重，是投资项目前期决策论证的核心环节。

本指南包括三大部分：第一部分为编写说明，包括编写背景、总体设计、主要特点等；第二部分为应用指引，对照国家发展改革委于2023年3月以发改投资规〔2023〕304号文发布的《政府投资项目可行性研究报告编写通用大纲（2023年版）》和《企业投资项目可行性研究报告编写参考大纲（2023年版）》逐条分析，说明各个章节的内容、范围、深度和方法等；第三部分为研究模块，从项目需求方案、项目选址与要素保障、项目建设方案、项目运营方案、投融资与财务方案、影响效果分析、风险管控方案七个维度出发，提出45个研究模块，介绍每个模块的研究目的、研究内容、研究方法和应用说明。

本指南力求深入浅出、系统全面、宣贯并举、注重实用，适合于从事工程咨询、投资决策等方面的专业技术人员阅读。

图书在版编目（CIP）数据

投资项目可行性研究报告编写指南：2023年版 / 中国国际工程咨询有限公司著 . —北京：中国电力出版社，2023.12

ISBN 978-7-5198-8375-1

Ⅰ．①投⋯ Ⅱ．①中⋯ Ⅲ．①投资项目 – 可行性研究 – 研究报告 – 写作 – 指南 Ⅳ．① F830.593-62 ② H152.3-62

中国国家版本馆 CIP 数据核字（2023）第 230898 号

出版发行：中国电力出版社
地　　址：北京市东城区北京站西街 19 号（邮政编码 100005）
网　　址：http://www.cepp.sgcc.com.cn
责任编辑：姜　萍
责任校对：黄　蓓　于　维
装帧设计：张俊霞
责任印制：吴　迪

印　　刷：三河市万龙印装有限公司
版　　次：2023 年 12 月第一版
印　　次：2023 年 12 月北京第一次印刷
开　　本：787 毫米 ×1092 毫米　16 开本
印　　张：15.25
字　　数：228 千字
印　　数：0001—5000 册
定　　价：98.00 元

序

可行性研究是投资决策的核心环节，是投资项目前期工作的重要内容，也是开展投资项目建设实施的先决条件。加强投资项目可行性研究工作，是提升投资决策科学化水平的必然要求，是保障项目前期工作乃至项目全生命周期各个阶段工作质量的基本前提。高质量发展需要高质量的投资，高质量的投资需要高质量的投资决策，高质量的投资决策需要高质量的可行性研究。要实现投资高质量发展，就必须强化投资项目可行性研究的基础作用，深入把握项目可行性研究的重点，着重提高投资综合效益，注重防控项目决策、建设、运营风险，推动投资项目转化为有效投资。

国家发展改革委历来高度重视投资项目可行性研究工作。20世纪80年代初，学习借鉴世界银行和联合国工业发展组织推进项目可行性研究的有益经验，我国开始探索引入可行性研究制度。1983年，原国家计委发布《建设项目进行可行性研究的试行管理办法》，将可行性研究纳入投资项目管理程序。2002年，原国家发展计划委印发《投资项目可行性研究指南（试用版）》（以下简称《指南》），用以规范可行性研究工作的内容和方式。《指南》在指导项目可行性研究工作、引领我国投资项目科学决策等方面发挥了重要作用。

党的十八大以来，我国投融资体制改革持续深化，投资法规制度体系逐步健全，投资政策工具不断丰富，投资形势和结构发生深刻变化，亟需构建一个能够体现中国投资管理实践、加强全社会投资活动规范指引、适应投资高质量发展要求的可行性研究理论方法体系，以进一步巩固和深化投融资体制改革成果。在这一背景下，国家发展改革委立足新发展阶段，按照新发展理念的要求，系统总结我国可行性研究工作的实践经验，广泛征求各方意见，于 2023 年 3 月发布《投资项目可行性研究报告编写大纲及说明》（以下简称《可研大纲》）。在 2002 年《指南》基础上，《可研大纲》按照政府投资项目和企业投资项目分类管理的总体思路，围绕项目建设必要性、方案可行性和风险可控性"三大目标"，更加注重发挥重大战略、重大规划和产业政策的引领作用，更加注重从项目全生命周期出发统筹拟定项目投融资和建设实施方案，更加注重经济、社会、环境等项目评价新理念的应用，更加注重可行性研究重点内容的前后逻辑和统筹协调，将扩大内需、碳达峰碳中和、自主创新，以及投资建设数字化等新要求有机融入可行性研究方法体系，着力加强对项目前期工作的政策指导，为各有关方面高质量开展项目可行性研究工作，切实提升项目前期工作质量提供了基础支撑和制度遵循。

　　《可研大纲》发布实施以来，中国国际工程咨询有限公司积极响应，结合长期积累的咨询评估经验，组织专业力量编写《投资项目可行性研究报告编写指南（2023 年版）》，围绕《可研大纲》"三大目标、七个维度"的核心内容进行解释说明、方法分析和应用指引，将对工程咨询行业更好地理解和贯彻《可研大纲》起到积极的参考借鉴作用。希望社会各有关方面更加重视投资项目可行性研究工作，在实践中共同推动《可研大纲》深入贯彻实施，以高质量的可行性研究提升投资项目前期咨询的质量和水平，助力扩大有效投资。

罗国三

2023 年 12 月

可行性研究是投资项目前期工作的重中之重，是投资项目前期决策论证的核心环节。2002 年 1 月 4 日，原国家发展计划委员会（简称国家计委）以"试用版"形式出版发行《指南》。《指南》是我国第一本在国家层面上用以指导投资项目可行性研究工作的规范性文本，对于规范投资项目可行性研究工作，促进科学决策发挥了重要作用。

《指南》出版发行二十多年以来，我国投融资体制发生了全方位、多层次的重大变革，经济社会进入高质量发展的新阶段，《指南》的相关规定和内容已难以满足当前可行性研究工作的实际需要。2023 年 3 月 23 日，国家发展改革委以发改投资规〔2023〕304 号文印发《可研大纲》。《可研大纲》是继《指南》之后，国家投资主管部门发布的关于规范投资项目可行性研究报告编写工作的新的纲领性文件。《可研大纲》的发布，对于我国新时代投资项目科学决策、推动实现高质量投资具有里程碑式的重要意义，标志着我国投资项目可行性研究工作将迈入高质量论证的新阶段。

为更好地开展《可研大纲》的应用和培训工作，中国国际工程咨询有限公司（简称中咨公司）专门成立了《投资项目可行性研究报告编写指南（2023 年版）》〔简称《可研指南（2023 年版）》〕编写组，在国家发展改革委投资司的指导下，结合近年来关于投资项目可行性研究工作大量研究和实践积累，并广泛听取各方面意见，着重围绕《可研大纲》的新增内容和变化要求进行解释说明、方法分析和应用指引。《可研指南（2023年版）》包括三大部分：第一部分为编写说明，包括编写背景、总体设计、主要特点等；第二部分为应用指引，对照《可研大纲》逐条分析，说明各个章节的内容、范围、深度和方法等；第三部分为研究模块，从项目需求方案、项目选址与要素保障、项目建设方案、项目运营方案、投融资与财务方案、影响效果分析、风险管控方案七个维度出发，提出了45个研究模块，并介绍了每个模块的研究目的、研究内容、研究方法和应用说明。

《可研指南（2023年版）》集合了中咨公司过去四十余年在投资决策领域积累的大量研究和实践经验，力求深入浅出、系统全面、宣贯并举、注重实用，主要服务于开展投资项目可行性研究工作的各类投资主体以及投资建设领域从事可行性研究工作的专业人员，也供从事投资决策、咨询评估、金融机构、教学培训等工作的从业人员参考使用。在本书的编写过程中，得到了多位行业专家的大力支持和帮助，他们为编写工作倾注了大量心血。此外，还得到了国家发展改革委投资司的关怀和鼓励，罗国三司长亲自作序，韩志峰副司长、赵成峰处长提出了很多宝贵意见，在此一并表示感谢！

著者

2023年11月

目　录

序

前　言

◎◎◎　**第一部分　编写说明**　◎◎◎

◦◦◦ 第二部分　应用指引 ◦◦◦

○○○ 第三部分 研究模块 ○○○

编写说明

一、编写背景

（一）我国可行性研究工作的历史沿革

1. 1978—2002 年：学习借鉴阶段

可行性研究作为投资项目科学决策的一种专业工具，在世界银行和联合国工业发展组织等国际组织的推动下，20 世纪 80 年代初随着改革开放传入我国。1981 年国务院发布《关于加强基本建设计划管理、控制基本建设规模的若干规定》（国发〔1981〕30 号），首次提出所有新建、扩建大中型项目都必须编制项目可行性研究报告。

1983 年国家计委发布《建设项目进行可行性研究的试行管理办法》（计资〔1983〕116 号），首次以正式文件将可行性研究纳入基本建设管理程序，提出没有开展可行性研究的项目，有关决策部门不审批设计任务书，不列入投资计划。负责可行性研究的单位，要经过资格审定，要对工作成果质量承担责任。

1984 年 8 月，国家计委发布《关于简化基本建设项目审批手续的通知》（计资〔1984〕1684 号），规定需要国家审批的基本建设大中型项目审批程序，由原来的项目建议书、可行性研究报告、设计任务书、初步设计和开工报告五道手续，简化为项目建议书和设计任务书两道手续，初步设计下放给各部门、各省、自治区、直辖市审批，从而使得项目建议书和设计任务书（利用外资、引进技术项目仍采用"可行性研究报告"形式，内容和要求与设计任务书相同）成为中央政府管理投资项目前期工作的主要抓手。

1985 年 7 月，国务院批准了国家计委报送的《关于加强中国国际工程咨询公司的报告》（计资〔1985〕1104 号），决定加强、充实中咨公司作用，确定国家新上的大中型基本建设项目和限额以上技术改造项目的可行性研究报告，先经中咨公司对技术方案、工艺流程和经济效益进行评估，提出意见后再由国家计委研究，决定是否列入国家计划，这标志着我国"先评估，后决策"制度的正式确立。1987年10月，国家计委批复同意《中国国际工程咨询公司建设项目评估暂行办法》（计资〔1987〕1850号），对项目建议书、可行性研究和初步设计的评估内容及工作质量提出了规范性要求，进一步完善了建设项目"先评估，后决策"的制度，推动了投资项目决策民主化和科学化的进程。

1991年12月，国家计委发布《关于报批项目设计任务书统称为报批可行性研究报告的通知》（计投资〔1991〕1969号），取消原设计任务书的名称，正式确立了投资项目审批包括项目建议书和可行性研究报告两道手续，确定了可行性研究在我国投资项目决策管理中的重要地位。

2. 2002—2022年：规范发展阶段

受国家计委的委托，中咨公司从1997年开始组织专家对可行性研究的规范工作进行总结，2002年由国家计委发布《投资项目可行性研究指南（试用版）》（计办投资〔2002〕15号），用以规范可行性研究工作的内容和方法，指导可行性研究报告的编制。《指南》总结了我国改革开放以来可行性研究工作的经验教训，借鉴了国际上可行性研究的有益做法，成为我国可行性研究规范工作的重要里程碑，标志着投资项目可行性研究进入规范化管理及全面推广应用的新阶段。

2004年颁布的《国务院关于投资体制改革的决定》（国发〔2004〕20号）规定，对于企业不使用政府投资建设的项目，区别不同情况分别实行核准制和备案制。其中，政府仅对重大项目和限制类项目从维护社会公众利益角度进行核准，其他项目无论规模大小，均改为备案制。企业投资建设实行核准制的项目，仅需向政府提交项目申请报告，不再经过批准项目建议书、可行性研究报告和开工报告的程序；对于企业使用政府补助、转贷、贴息投资建设的项目，政府只审批资金申请报告。投资体制改革后对政府和企业投资项目的可行性研究工作进行分类管理，使得原有的《指南》难以适应投资体制改革的新要求。

2012年11月，中国共产党第十八次全国代表大会在北京召开，标志着我国已经进入全面建成小康社会的决定性阶段，开启了中国特色社会主义建设新时代。党的十八届三中全会通过的《中共中央关于全面深化改革若干问题的重大决定》指出，深化经济体制改革要紧紧围绕使市场在资源配置中起决定性作用。2016年7月，《中共中央　国务院关于深化投融资体制改革的意见》（中发〔2016〕18号）提出进一步改进和规范政府投资项目审批制，采用政府直接投资和资本金注入方式的项目，对经济社会发展、社会公众利益有重大影响或者投资规模较大的，要在咨询机构评估、公众参与、专家评议、风险评价等科学论证的基础上，严格审批项目建议书、可行性研究报告和初步设计。这既是重申可行性研究工作的重要性，又是对可行性研究内容和质量提出新的、更高的要求。

2018年12月5日，国务院第33次常务会议审议通过的《政府投资条例》（国务院令第712号）是我国关于政府投资法制化管理的一项重大举措。《政府投资条例》从行政法规层面要求政府投资项目必须编制项目建议书、可行性研究报告和初步设计，其中可行性研究报告需要分析拟建项目的技术经济可行性、社会效益以及项目资金等主要建设条件的落实情况。

2021年12月15日，国家发展改革委发布《关于进一步推进投资项目审批制度改革的若干意见》（发改投资〔2021〕1813号），明确进一步规范投资项目前期工作，要求修订印发投资项目可行性研究制度规范，落实遏制高耗能和高排放项目盲目发展、推进实现碳达峰碳中和目标要求，将用地、用海、规划选址、节能、节水、环保等要求落实到项目可行性研究中；要立足我国国情，体现投资高质量发展要求，研究借鉴将"环境、社会和治理"（ESG）等国际先进理念融入可行性研究框架体系，从源头上提高投资项目前期工作质量。

2022年10月，中国共产党第二十次全国代表大会在北京召开。党的二十大报告指出，高质量发展是全面建设社会主义现代化国家的首要任务。新时代的高质量发展，质量和效益替代规模和增速成为经济发展的首要问题。立足新发展阶段，贯彻新发展理念，构建新发展格局，实现高质量发展，对投资项目可行性研究提出一系列新要求，由此推动可行性研究工作进入全面提升质量的新阶段，迫切需要对《指南》进行全面修订。

3. 2023年至今：高质量发展阶段

2023年3月23日，《国家发展改革委关于印发投资项目可行性研究报告编写大纲及说明的通知》(发改投资规〔2023〕304号)发布了《可研大纲》。《可研大纲》立足新发展阶段,强调贯彻新发展理念,坚持以人民为中心的发展思想,关注绿色发展、自主创新、共同富裕、国家安全、风险管理等理念以及投资建设数字化转型等要求,重视经济、社会、环境、资源能源利用及"双碳"影响分析,对于我国新时代投资项目科学决策、推动实现高质量投资具有里程碑式的重要意义,标志着我国投资项目可行性研究工作迈入高质量论证的新阶段。

(二)《可研大纲》对投资项目可行性研究提出的新要求

与《指南》相比,《可研大纲》在发展理念、项目管理、内容安排、编写思路、影响范围等方面均有显著变化,突出表现在五个方面的重大变革,对投资项目可行性研究工作提出了相应的新要求。

1. 贯彻高质量发展的新理念

中国经济进入高质量发展新时代,新的发展阶段、新的使命任务和新的发展环境对投资高质量发展提出了更高、更为迫切的要求,可行性研究必须回答投资高质量发展的目的、动力、方式、路径等一系列理论和实践问题,必须适应新常态,以新发展理念为引领,关注科技创新补短板、产业链供应链风险、碳达峰碳中和目标、项目融资模式创新、地方政府债务管理等问题,积极引入投资项目节能、环保、碳排放、促进经济和社会发展等分析评价理论方法,补充完善可行性研究相关内容,促进实现高质量发展。

2. 适应投融资体制改革的新要求

2004年国务院出台《国务院关于投资体制改革的决定》(国发〔2004〕20号),确立了政府投资和企业投资分类管理的改革框架,2016年和2019年先后颁布《企业投资项目核准和备案管理条例》和《政府投资条例》,进一步巩固和深化了分类管理的投融资体制改革成果,并对项目决策、建设实施和监督管理等做出相应规定。政府投资项目审批制和企业投资项目核准制、备案制对投资项目审查目的、内容和形式均存在明显差异。政府投资项目决策要结合经济社会发展需要和财政可负担性,合理确定建设标准、建设内容、投资规模等,在满足基本需求的前提下更加关注影响效果分析。企业投资项目管理要贯彻落实充分发挥市场在资源配置中的决定性作用的精神，同时也要加强政策引导，需要在关注项目盈利能力的基础上，统筹考虑项目与国家规划、政策的符合性，以及企业整体的经营状况和财务能力等。可行性研究报告的编写必须充分反映投融资体制改革带来的新变化，进一步明确各类项目可行性研究成果的特殊要求，从重视对可行性研究报告的格式文本进行统一规范，转向针对特定研究目的，对研究内容及成果呈现形式提出差异化、专业性要求。

3. 采用"三大目标、七个维度"结构化分析框架

《指南》对项目可行性研究报告篇章结构和内容深度的规范要求，更多地体现了工业项目的技术经济特点。《可研大纲》通过"三大目标、七个维度"结构化分析框架，形成了可行性研究报告编写的基本逻辑框架和具体章节安排，区分了政府投资项目和企业投资项目的差异化需要，但并没有对可行性研究报告各章节的内容深度进行简单划一的硬性约束规定，有利于推动可行性研究工作从重视格式化文本的报告编写到重视不同行业专业性论证的内容转变。

4. 重视项目可行性研究方案系统优化

投资项目可行性研究是一个系统性、专业性要求很高的工作，涉及投资主管部门以及规划、土地、环保、节能、取水、安全生产、文物等行业主管部门，导致部分项目需要编写数十项专项研究报告，分别报送相关部门审查和批复。随着"放管服"改革和优化营商环境工作的推进，可行性研究亟需超越部门视角，通过投资项目在线审批监管平台和信息共享机制，将各类专项评价或研究报告相关内容纳入可行性研究体系进行统筹论证，从战略、技术、工程、经济、环境、社会、财务、商业和管理等层面进行多目标分析和系统集成，通过多方案比选和优化，综合论证项目建设必要性、方案可行性及风险可控性，比选推荐最优或合理方案。

5. 引导投资项目加强全生命周期管理

长期以来，我国投资项目可行性研究重点关注项目建设必要性和工程方案可行性，但对项目运营方案缺乏深入研究。随着我国投资项目建设水平逐步提高，

为更好地实现投资建设目标和任务，可行性研究需要强化项目全生命周期各阶段的方案论证，为项目初步设计、招标采购、施工建设、生产运营和移交退出等工作提供依据，引领投资项目全生命周期管理变革。2019 年 3 月，国家发展改革委、住房城乡建设部共同发布《关于推进全过程工程咨询服务发展的指导意见》（发改投资规〔2019〕515 号），鼓励咨询单位根据市场需求，从投资决策、工程建设、运营等项目全生命周期角度，开展跨阶段咨询服务组合或同一阶段内不同类型咨询服务组合，发展多种形式的全过程工程咨询服务模式。鉴于投资决策环节在项目实施全过程中的统领作用，可行性研究亟需突破重建设方案、轻运营方案的做法，从投资－建设－运营一体化的视角，统筹项目的需求、影响和风险，实现项目全生命周期的价值最大化。

二、总体设计

《可研大纲》明确投资项目的可行性研究应围绕项目建设必要性、方案可行性及风险可控性三大目标开展系统化专业研究，形成投资项目可行性研究的总体逻辑框架，详见图1-1。其中，项目建设必要性应通过需求可靠性研究得出结论，项目方案可行性应对要素保障性、工程可行性、运营有效性、财务合理性和影响可持续性五个维度进行研究论证，项目风险可控性应通过各类风险管控方案的研究得出结论。

图1-1 投资项目可行性研究总体逻辑框架

《可研指南（2023年版）》按照《可研大纲》三大目标、七个维度的逻辑框架展开编制，主要内容包括编写说明、应用指引和研究模块三个部分。《可研指南（2023年版）》结合中咨公司过去四十余年对投资项目可行性研究工作的大量研究和实践积累，着重围绕《可研大纲》的新增内容和变化要求进行解释说明、方法分析和应用指引。

（一）应用指引

可行性研究为项目投资决策提供科学依据，避免项目决策的盲目性。无论是政府投资项目还是企业投资项目，都要重视和发挥可行性研究在项目科学决策中的基础性作用。《可研指南（2023 年版）》第二部分的应用指引，对照《政府投资项目可行性研究报告编写通用大纲（2023 年版）》和《企业投资项目可行性研究报告编写参考大纲（2023 年版）》各个章节进行逐条分析，详细说明各个章节的内容、范围、深度和方法等，对投资项目可行性研究的内容和深度做出了细化和解读。

政府投资项目要明确可行性研究在审批制中的把关作用，以增进公共利益、提供公共产品和公共服务为原则，充分发挥政府投资对经济社会发展的支撑引领作用。政府投资项目的可行性研究要根据经济社会发展需要和地方财政能力合理确定投资规模，注重项目的外部影响效果和建成后的长远持续效益。

企业投资项目应重视可行性研究对企业内部投资决策、核准或备案程序的支撑作用，从市场需求出发，按照经济规律选择投资项目，增强企业竞争力和持续发展能力。在可行性研究过程中，既要考虑经济合理性，也要充分论证资源节约和有效利用、保护生态环境等因素，认真履行社会责任，强化风险防控意识。

（二）研究模块

研究模块部分为应用指引部分提供更加详细的研究内容和理论方法支撑。《可研大纲》逻辑框架中的七大维度分别对应可研报告中的项目需求方案、项目选址与要素保障、项目建设方案、项目运营方案、投融资与财务方案、影响效果分析和风险管控方案，研究模块部分对每个章节需要研究的内容进行系统化梳理，形成 45 个结构化的研究模块，并提出了每个模块的研究目的、研究内容、研究方法及应用说明，为投资项目可行性研究报告编写工作提供尽可能全面的专业指导。

可行性研究报告编写工作应强调实用性、专业性和针对性，不追求大而全的研究内容，不赘述对研究结论没有支撑作用的资料性内容。针对具体项目的可行性研究报告编写工作，项目单位和咨询机构可结合拟建项目所在行业领域的特点和要求、项目技术经济特点及投资决策的实际需要，对可行性研究内容进行合理调整。

1. 项目需求方案

项目需求方案围绕项目需求可靠性开展研究，包括9个研究模块。通过项目建设背景、规划政策符合性、项目单位履职尽责、企业战略匹配性等层面研究项目建设理由和依据，分析预测拟建项目的合理需求，拟定投资项目的功能定位、目标任务、建设内容和规模、产出方案。重大项目需求分析应突出宏观视野，将宏观需求、中观需求和微观需求相结合，多层次地研究项目投资建设必要性、建设内容和规模、项目产出方案。

2. 项目选址与要素保障方案

项目选址与要素保障方案对应要素保障性研究，包括8个研究模块。其中，项目选址或选线以国土空间规划为基本依据，充分考虑不同影响和风险因素的早期筛查判断和初步分析成果，并结合利益相关方的诉求或建议反馈，提出多个选址选线方案。场址或线路方案比选要综合考虑规划、技术、经济、社会、生态环境等条件。项目要素涉及范围较广，投资项目可行性研究应聚焦项目建设所必备的土地、资源、环境等约束性要素指标，落实土地、岸线、航道、水资源、能耗、生态环境和用海用岛等要素保障条件，并进行指标分析，强调发挥市场机制在推进要素配置中的基础性作用。

3. 项目建设方案

项目建设方案对应工程可行性研究，包括7个研究模块。利用多方案比选研究工程可行性，从工程实体建设角度比选技术方案、设备方案和工程方案，通过建设管理方案分析工程建设组织实施、工期安排、招标方案等内容。根据项目实际情况研究提出数字化方案，促进投资建设全过程数字化应用。深化用地用海征收补偿（安置）方案，提升安置效果，保障建设进度，有效减少社会矛盾，减轻或消除社会风险。可行性研究中项目建设方案的选定应确保建立在方案比选的基础之上。

4. 项目运营方案

项目运营方案对应运营有效性研究，包括 6 个研究模块。运营管理研究提出项目运营管理模式，确定自主运营管理还是委托第三方运营管理，并说明主要理由。从拟建项目未来运营管理的角度，研究提出项目运营组织模式，区分产品生产类和运营服务类项目，分别研究生产保障方案和运营服务方案，保证项目提供符合产品质量或服务标准要求的产出交付，评价项目运营的有效性。绩效管理研究运营服务标准、安全保障方案和绩效考核方案，建立全生命周期绩效管理体系。

5. 投融资和财务方案

投融资和财务方案对应财务合理性研究，包括 6 个研究模块。研究项目全生命周期的现金流入和流出情况，分析项目投资需求和融资方案，计算有关财务评价指标，评价项目投资财务盈利能力、偿债能力和财务持续能力，据以判断拟建项目的财务合理性和项目对各财务主体的价值贡献，为项目投资决策、融资决策和财务管理提供依据。强化融资方案研究，体现投融资体制改革和金融资本市场变革的特点，融资模式选择包括政府融资、企业融资和混合型等模式，通过对项目资本金、债务资金的融资结构和融资成本分析，比选确定融资方案。政府投资或付费类项目，还要分析评价当地财政可负担性和是否可能引发隐性债务等情况。

6. 影响效果分析

项目影响效果分析对应影响可持续性研究，包括 5 个研究模块。从项目外部性影响的角度，在项目产出方案、建设方案和运营方案研究基础上，预测和分析投资项目在资源及能源节约利用、生态环境、经济、社会等领域的影响效果，从多个维度研究项目外部影响的可接受性，评价拟建项目的经济效益、社会效益和生态效益，判断项目外部正面效果、负面代价及可持续性。突出减碳效果评价，体现节能双控目标向减碳双控目标转变的要求，研究提出投资项目碳排放量化核算方法，从源头上助推实现碳达峰碳中和目标。借鉴世界银行等国际组织经验，强化社会影响评价，开展社会影响筛查，聚焦利益相关者，管理项目不利影响和强化正面影响。

7. 风险管控方案

风险管控方案对应风险可控性研究，包括 4 个研究模块。在项目建设必要性和方案可行性研究的基础上，对影响投资项目总目标和子目标，以及可能造成的风险事件进行识别、分析和评价，分别针对投资项目的产出、建设、运营、财务及影响等子目标实现的不确定性和风险因素，分析其发生的可能性及其对项目总目标以及质量、进度、成本、声誉等子目标损失程度，提出风险应对方案及风险监控和动态管理计划。综合项目全生命周期各类重大风险，建立具有韧性的重大风险管控方案及应急预案，为减少风险事故造成的损失和不利影响、顺利实现投资项目预期目标提供保障。

三、主要特点

（一）强调可行性研究内容的系统性

可行性研究既要重视各行业主管部门要求开展的环境影响评价、节能评价、地震安全评价、地质灾害评价、水土保持、项目用地用海、压覆矿藏、压覆文物、安全生产、社会稳定风险等专题评价，又要强调研究内容的系统性和完整性，编制形成综合性的可行性研究报告。《可研指南（2023 年版）》落实《可研大纲》的要求，采用模块化结构设计，分专业模块对投资项目进行全面系统论证，项目单位、政府部门和金融机构既可纵览投资项目可行性研究的全面内容，也可通过插件式组合，关注不同行业可行性研究及投资决策的重点内容。

（二）强调可行性研究视角的多维性

投资项目决策往往是多目标决策，可行性研究既要分析工程技术可行性，还要从战略、经济、环境、社会、财务、商业和管理等层面分析项目多重目标。其中，战略目标主要分析拟建项目在战略规划层面的必要性，经济目标主要分析拟建项目的资源配置和宏观经济价值，环境目标主要分析拟建项目对生态系统及环境保护的可行性，社会目标主要分析拟建项目的社会价值，财务目标主要分析拟建项目的盈利能力及财务可负担性，商业目标主要分析项目商业模式的可行性，管理目标主要分析项目方案运营组织的可实现性。可行性研究应尽可能多维度全面研究拟建项目的可行性，满足多目标决策需要。

（三）强调项目方案比选优化的重要性

投资项目可行性研究的过程，就是通过不断进行各种局部方案和整体方案的比选，淘汰不可行方案，最终选择确定最优或合理方案的过程。因此，没有多方案的比较和优化，就没有真正的可行性研究。《可研指南（2023 年版）》鼓励采用多种专业方法和模型进行方案比选和优化研究，在局部方案比选优化的基础上，统筹考虑项目总体方案的比选和方案优化，以提高方案比选工作的科学性和准确性。

（四）强调项目全周期风险管理的可控性

投资项目全生命周期包括前期研究、实施准备、施工建设、竣工验收、试运行、移交、运营管理等阶段，各阶段都存在不同形式的风险。从项目全生命周期风险控制的投入以及性价比的角度看，可行性研究是前期决策阶段的最重要工作，其成果是指导开展后续各阶段工作的基本依据和行动指南，因此可行性研究是规避项目投资风险的最有效阶段，可行性研究工作成果质量较大程度上决定项目全生命周期的整体质量。

（五）强调体现具体项目可行性研究的特殊性

《可研指南（2023 年版）》贯彻《可研大纲》的通用性要求，在提出可行性研究通用性内容的同时，强调具体项目可行性研究工作的特殊性要求。可行性研究成果应以特定任务及目标为导向，结合项目所在区域及行业特点、政府和企业投资项目决策的不同需要、可行性研究的特定目的，明确不同项目在模块选择等方面的应用要求，通过模块组合确定具体项目可行性研究的内容和重点，避免可行性研究成果编写只重视形式化的"标准格式"或简单地模仿"范本"，引导可行性研究从重视报告的形式转变为重视研究的内容。

第二部分

应用指引

一、政府投资项目可行性研究报告编写应用指引

（一）概述

1. 项目概况

（1）项目名称（简称）。

（2）建设目标任务。

（3）建设地点。

（4）建设内容和规模（含主要产出）。

（5）建设工期。

（6）投资规模和资金来源。

（7）建设模式和运营模式。

（8）主要技术经济指标。

（9）绩效目标。

2. 项目单位概况

（1）既有项目法人的，简述项目单位基本情况，主要包括项目单位名称、历史沿革、性质、职能或营业范围、现有产品或服务能力、财务状况、类似项目情况等内容。

（2）新设项目法人的，简述项目法人组建方案，主要包括项目单位名称、主管部门、职能或营业范围、办公场址、主要负责人、内设机构等内容。如涉及提前审批，需说明项目法人审批情况。

对于政府资本金注入项目，项目单位概况需简述项目法人基本信息、投资人（或者股东）构成及政府出资人代表、企业信用等情况。

3. 编制依据

（1）项目建议书（或项目建设规划）及其批复文件。

（2）国家和地方有关支持性规划。

（3）产业政策和行业准入条件。

（4）主要标准规范。

（5）专题研究成果。

（6）其他依据。

4. 主要结论和建议

（1）简述项目可行性研究的主要结论。

（2）已批复项目建议书的投资项目，对比分析可行性研究成果与批复的项目建议书成果的主要区别，并说明原因。

（3）综述项目在工程技术、征地移民、运营管理、经济财务、社会稳定、生态环境等方面存在的主要问题和风险，以及解决措施或风险应对措施。

（4）简述下阶段有关工作建议。

（二）项目建设背景和必要性

1. 项目建设背景

（1）项目提出理由

根据相关宏观战略、区域规划、产业政策、社会（市场）需求等内容，以及政府重大决议、项目单位履职尽责等要求，分析论证项目建设的主要依据和理由。

（2）前期工作进展

简述项目前期工作完成或进展情况，说明项目可行性研究成熟程度。

1）简述项目建议书的主要结论及落实情况。

2）简述项目规划选址意见书和用地预审、节能审查、重大项目社会稳定风险评估审核等行政审批（服务）手续办理情况。特许经营项目还需说明相关实施流程进展情况。

3）简述已完成或正在开展的专题研究成果和结论情况。

4）简述其他前期工作进展情况。

具体详见"模块 1.1　项目建设背景"。

2. 规划政策符合性

（1）拟建项目与重大战略规划的符合性

1）国家发展战略符合性。对于重大投资项目，应从宏观战略符合性角度，阐述拟建项目与国家战略的重大布局，以及扩大内需、共同富裕、乡村振兴、科技创新、节能减排、碳达峰碳中和、国家安全和应急管理、基本公共服务保障等国家战略目标的符合性。

2）相关重大规划符合性。阐述拟建项目与经济社会发展规划、区域规划、专项规划、国土空间规划等重大规划的符合性，分析项目在经济社会发展和区域发展总体布局中的地位与作用。

（2）拟建项目与相关产业政策的符合性

对于产业投资项目，阐述相关产业结构调整、产业发展方向、产业空间布局、产业链供应链安全、产业技术政策等产业政策内容，分析拟建项目所在行业的投资准入条件，判断拟建项目是否符合有关产业政策和行业准入要求。

具体详见"模块 1.2　规划政策符合性"。

3. 项目建设必要性

拟建项目应以问题和需求为导向，结合项目所属行业、类型和特点，从宏观、中观和微观层面展开分析，研究项目建设的理由和依据。项目建设必要性具体分析角度可参考但不限于以下内容。

（1）从战略规划层面分析论证。聚焦国家重大战略和规划对推进重大项目的总体部署要求，分析项目建设对落实重大战略和规划的作用，论证项目建设必要性。

（2）从产业政策层面分析论证。从产业布局优化和结构调整、产业链供应链安全以及相关产业政策符合性和行业准入等角度论述项目建设必要性。

（3）从经济社会发展层面分析论证。从满足人民日益增长的物质文化需求、提高人民生活水平、增强国家安全能力、保护生态环境、促进区域经济和社会可持续发展等角度论述项目建设必要性。

（4）从项目需求层面分析论证。从拟建项目所涉产品或服务现状及存在问题、经济社会发展对提高产品或服务供给能力的要求、提供产品或服务的作用与效益等角度论述项目建设必要性。

（5）从项目单位履职尽责层面分析论证。从分析项目单位履职尽责对实施拟建项目的要求，研究项目建设对支撑项目单位履职尽责的作用等角度论述项目建设必要性。

必要时，拟建项目可从落实相关战略规划目标、解决经济社会发展矛盾、防范化解重大风险、项目单位履职尽责等层面，综合论证项目建设时机的适当性。

具体详见"模块 1.5　项目建设必要性"。

（三）项目需求分析与产出方案

1. 需求分析

（1）现状调查

考察相关政治法律环境、经济环境、科技环境和社会环境等因素，调查并论述拟建项目所涉产品或服务的市场容量、价格，以及产业链供应链稳定性和市场竞争力现状，分析拟建项目所在行业的业态。

（2）需求预测

在现状调查的基础上，考虑目标市场的人口数量、消费者需求、年龄结构、行业发展、区域市场情况等影响因素，预测设计水平年产品或服务的需求总量和结构、潜在可供应量，并分析研判供需状况。

（3）价格预测

根据拟建项目具体情况，对影响价格形成与变化的各种因素进行分析，选择适宜的预测方法，确定项目产品或服务的销售价格和投入品的采购价格。

项目单位对外销售产品或提供服务的定价和调价，要根据市场竞争环境和所属行业价格管理政策等实际情况确定。对于充分竞争的市场，产品或服务价格的确定应符合市场配置资源的相关要求。对于非充分竞争的市场，应按照市场供需均衡、合理收益、风险匹配、社会可承受等原则确定其产品或服务的价格，实行政府指导价或者政府定价；必要时应明确运营期间的价格调整机制，包括价格调整周期或调价触发机制、调价方法、调价程序及各方权利义务等。

具体详见"模块 1.3　项目需求分析"。

对于政府资本金注入项目，需求分析还应阐述竞争力分析、市场营销策略分析等内容，具体详见"模块 1.3　项目需求分析"。

2. 项目建设目标任务

（1）拟建项目功能定位

统筹考虑重大规划和重大政策中与拟建项目相关的发展方向要求、约束性指标，以及需求分析预测结论，提出拟建项目功能定位。

（2）拟建项目目标任务

根据需求分析结论，统筹考虑要素保障、资金保障、规模经济等因素，经多方案比选确定拟建项目目标任务。对于多目标综合建设的项目，要按照国家政策和总体效益优化原则，结合项目建设条件和主次功能定位，论证项目目标任务及其主次顺序。

涉及分期建设的项目，应研究提出项目的近期和远期目标，阐述项目每期建成后应发挥的作用、解决的问题和满足需求的程度等。

具体详见"模块 1.6　建设目标和任务"。

3. 建设内容和规模

（1）项目总体布局

结合项目功能定位和建设目标任务等，论述拟建项目在空间和时间上的总体布局。

对于大型、复杂及分期建设的项目，应根据项目整体规划、资源利用条件及近远期需求预测，明确项目近远期建设内容、建设规模和建设进度安排，并说明预留发展空间及其合理性、预留条件对远期规模的影响等。

（2）建设标准

结合相关规划政策要求和拟建项目功能定位，研究确定项目建设标准。

（3）建设内容和规模

根据目标任务、总体布局和建设标准，拟定多个工程建设内容和规模方案，从社会、技术、经济、环境等方面进行多方案综合比选，合理确定项目建设内容及规模。如无相关建设标准，可对比分析国内外同类项目建设内容和规模后参照确定，或根据产品或服务生产运营需求分析确定。

对于改扩建和技术改造项目，还需阐述现有设施利用方案，在充分有效利用现有设施的基础上，研究提出项目建设内容及规模。

具体详见"模块 1.7　建设内容和规模"。

4. 项目产出方案

（1）拟建项目生产或服务能力及其质量标准

根据市场预测的需求量，并结合项目功能定位、目标任务，对产出方案进行多方案比选，确定拟建项目在正常生产运营年份达到的生产或服务能力，以及项目主导产品或服务、辅助产品或服务、副产品或服务及其生产能力和质量要求的组合方案。对于涉及分期建设的项目，应提出分期产出方案。

（2）评价项目建设内容、规模和产出方案的合理性

分析项目建设内容、规模和产出是否满足市场需求，评价项目建设内容和规模与产出规模的适配性。

具体详见"模块 1.8　项目产出方案"。

（四）项目选址与要素保障

1. 项目选址或选线

（1）项目选址选线的要求

根据项目的行业特点和实际需求，研究提出拟建项目场址、线路选择的基本要求。

（2）选址选线方案比选

以国土空间规划为基本依据，结合区域规划与产业布局，并考虑拟建项目近远期目标任务要求，提出多个工程场址、线路比选方案，从规划条件、技术条件、经济条件、生态环境影响和社会条件等方面综合比选论证，择优选定场址、线路方案。

（3）推荐选址选线方案

根据土地取得方式、土地取得进度等实际情况，推荐场址、线路方案具体可参考但不限于以下内容：拟建项目场址或线路的地理位置、土地权属、供地方式、土地利用状况、矿产压覆、占用耕地和永久基本农田、涉及生态保护红线、地质灾害危险性评估等情况。

具体详见"模块 2.1　项目选址选线"。

2. 项目建设条件

可行性研究报告应对项目建设所涉及的各类建设条件进行调查分析和阐述说明，包括但不限于以下内容：

（1）自然环境条件

简述拟建项目所在地的自然地理概况、气象、水文、泥沙、地质、地震、防洪、生态环境本底等条件，对项目建设有较大影响的要素应进行重点分析。

（2）交通运输条件

分析研究拟建项目场址周边的铁路、公路、港口、机场、管道等交通运输条件是否满足项目需求。

（3）公用工程条件

分析研究拟建项目场址周边的市政道路、水、电、气、热、消防和通信等公用工程的现状条件和发展规划是否满足项目需求。

（4）其他条件

分析研究拟建项目场址的施工条件，以及项目所在地的技术和人力条件、生活配套设施及公共服务依托条件等是否满足项目需求。

对于改扩建和技术改造项目，还要分析现状用地范围内已接入公用工程条件的容量和能力，以及是否满足项目需求。

具体详见"模块 2.2　项目建设条件"。

3. 要素保障分析

（1）土地要素保障

土地要素是项目建设的基本前提和重要保障，可行性研究阶段应根据比选后确定的建设方案论证建设项目用地的合理性、节地水平的先进性，以及土地要素保障能力。

1）项目用地总体情况。简要说明拟建项目用地总体情况，主要包括用地面积、土地权属和用途。

2）土地要素保障条件。分析拟建项目用地与相关的国土空间规划、土地利用年度计划、建设用地控制指标等土地要素保障条件的符合性。涉及耕地、园地、林地、草地等农用地转为建设用地的，应说明农用地转用指标、转用审批手续办理安排及耕地占补平衡的相关情况。涉及占用永久基本农田的，应说明永久基本农田占用补划情况。

3）节约集约用地论证分析。开展节约集约用地论证分析，结合行业专业技术设计规范、建设规范、节地标准等，评价拟建项目总用地规模和各功能分区规模的合理性，分析采用的节地技术、节地措施，取得的节地效果，论证节地水平的先进性。对于因安全生产、地形地貌、工艺技术等特殊要求确需突破土地使用标准确定的规模和功能分区的投资项目，还应重点论证超标原因。

4）用海用岛保障分析。对于涉及用海用岛的项目，应明确用海用岛的方式、具体位置和规模等内容，分析拟建项目用海用岛与海洋功能区划及相关规划的符合性，说明用海方式、用海面积、用海期限的合理性。对于涉及利用岸线、航道的项目，还应分析占用港口岸线资源、航道资源的基本情况及其保障条件。对于需围填海的项目，应说明围填海基本情况，分析其保障条件。

具体详见"模块 2.3　土地要素保障""模块 2.7　用海用岛要素保障"。

（2）资源环境要素保障

1）水资源要素保障。直接从江河、湖泊或地下取水以及高耗水的项目，应阐述拟建项目用水规模、水资源配置方案、取水用水影响等，明确河湖生态流量保障目标、江河流域水量分配指标、地下水取用水总量和水位管控指标、用水总量和效率控制指标、水功能区限制纳污等水资源管控要求，论证项目所在地区水资源承载能力和保障条件。

市政供水的项目，应简述拟建项目所需用水总量、单位用水指标情况，明确项目所在地区和所属行业的用水指标要求，分析评价项目的水资源保障能力和保障水平。

具体详见"模块 2.4　水资源要素保障"。

2）能源要素保障。简述拟建项目所需能源类型、能效水平和能源消费情况，明确综合能源消耗总量和强度调控、控制化石能源消费、碳排放总量和强度等指标控制要求，分析评价项目的能源要素保障能力和保障水平。

具体详见"模块 2.5　能源要素保障"。

3）生态环境要素保障。简述拟建项目建设和运营中排放污染物的种类、浓度和年度排放总量，以及项目对水土流失、生态保护、生物多样性和环境敏感区等方面的影响，明确与项目相关的重点管控区域、生态环境质量目标以及污染物排放标准和重点污染物排放总量控制指标等管控要求和约束指标，分析评价项目生态环境要素保障能力和保障水平。

具体详见"模块 2.6　生态环境要素保障"。

（3）其他关键要素保障

对于存在特定要素需求的建设项目，应分析是否存在特定的限制因素，如关键技术、关键设备、关键原材料等，评估特定关键要素的成熟性、完备性、可得性和可持续性等，论证特定关键要素保障能力和保障水平。

具体详见"模块 2.8　其他关键要素保障"。

对于重大投资项目，应列示规划、用地、用水、用能、环境以及可能涉及的用海、用岛等要素保障指标，并根据"要素跟着项目走"的原则，综合分析提出要素保障方案。

（五）项目建设方案

1. 技术方案

（1）技术目标

根据项目目标任务，提出切实可行的技术目标。

（2）技术方案比选

在调查中研究国内外同类项目所采用的各种工艺技术优缺点、发展趋势的基础上，结合拟建项目产出方案提出多个技术比选方案。综合考虑技术的先进性、可靠性、可获得性，以及技术方案对项目产出方案的保证程度、技术适应性、工艺流程的合理性、自动控制化水平、对生态环境的影响程度以及技术转让费或专利费等因素进行比选论证，择优选择先进可靠、经济合理的技术方案。

（3）推荐技术方案

1）技术方案依据。提出拟建项目推荐技术方案的主要依据。

2）技术路线。简述推荐技术路线的理由、技术目标、技术指标和技术特点。对于改扩建和技术改造项目，应考虑与原有技术的结合，确定选择更新替代、改造升级或并行等方式。

3）技术来源。分析技术来源的方式、范围、内容、预期效果及其可得性。对于专利或关键核心技术，需要分析其取得方式的可靠性、知识产权保护、技术标准和自主可控性等。

4）工艺流程。简述主要工艺过程及特点、技术参数，考虑原材料、燃料动力供应等因素，计算各装置的主要物料平衡、燃料平衡。

对于设置大型联合装置的项目，说明各装置间的物料互供关系。

对于改扩建和技术改造项目，要分别列出改造前后物料平衡情况，并根据改造方案，说明有项目、无项目和增量的物料情况。

对于涉及分期建设的项目，需阐述分期工艺流程方案。

具体详见"模块 3.1　技术方案"。

2. 设备方案

（1）主要设备比选

在充分调查研究国内外设备生产、供应、运行状况的基础上，结合技术方案提出多个主要设备（含软件）方案。综合考虑各设备方案对建设规模的满足程度、主要设备与辅助设备相互配套、对项目产品或服务质量和生产工艺要求的保证程度、设备使用寿命、安全实用性、物料消耗指标、操作要求、设备（含软件）投资和运行维护费用等因素进行多方案比选，择优提出推荐方案。

（2）推荐设备方案

1）设备方案依据。提出拟建项目推荐设备方案的主要依据。

2）主要设备选型。根据项目建设规模、产品方案和技术方案，研究提出所需主要设备（含软件）的名称、规格、技术参数和数量要求。

3）主要设备来源。提出项目所需主要设备（含软件）的来源和价格。对于进口设备，应阐述引进的理由、范围、方式和参考价格，并考虑适量的备品备件。

4）自动控制系统。简述自动控制系统的选型原则，说明系统构成、基本配置、功能要求及技术参数。

5）特殊设备要求。对于涉及超限设备的，应简述大型超限设备概况、超限内容和解决方法；对于涉及特殊设备的，应提出相应的运输和安装技术方案。

对于改扩建和技术改造项目，应简述原有设备和自动化状况，在充分利用或改造原有设备的基础上，提出项目设备方案，并说明新老自动控制系统结合与提升情况。

对于涉及分期建设的项目，还应阐述分期设备方案。

具体详见"模块 3.2　设备方案"。

3. 工程方案

（1）工程方案比选

在选定建设内容和规模、技术方案和设备方案的基础上，提出多个工程方案，综合考虑规划符合性、使用功能、节能环保、节约用地、征地移民、绿色低碳、地质条件、资源条件、施工难度和工期、运营维护、建设投资以及经济性和影响与风险等因素进行比选论证，择优选择推荐方案。

（2）推荐工程方案

不同行业的工程方案所包含的内容差异很大、深度不尽相同，因此可行性研究阶段推荐工程方案应根据项目所属行业现行的相关标准规范确定编制内容和深度。

1）工程方案依据。提出拟建项目推荐工程方案各专业的政策法规、标准、规范等主要依据。

2）工程总体布置方案。阐述拟建项目工程总体布置方案，说明功能区域划分和布局特点，以及在竖向设计、交通组织、防火设计和景观绿化、环境保护等方面所采取的具体措施。

3）主要建（构）筑物方案。在推荐技术方案和设备方案的基础上，根据拟建项目所属行业和工程特点，并充分考虑土地利用、地上地下空间综合利用、人民防空工程、抗震设防、防洪减灾、消防应急等要求，以及绿色、低碳和韧性工程相关内容，提出主要建筑物、构筑物和公用工程方案。

4）内外部运输方案。根据建设规模与项目功能、技术方案、设备方案、工程方案和运营方案确定的主要投入物和产出物的品种、数量和流向，提出项目内外部运输方案。

5）外部市政配套方案。提出拟建项目水、电、气、热、通信等从市政条件接入点至项目用地红线的接驳方案。

6）其他配套设施方案。提出维修、仓储设施等其他配套设施方案。

对于改扩建和技术改造项目，应说明项目单位现状建筑物、构筑物及配套条件，结合上述现状情况合理确定工程方案。

对于涉及分期建设的项目，需要阐述分期建设方案。

对于涉及重大工程技术问题的项目，还应阐述需要开展的专题论证工作。

一般项目具体详见"模块 3.3 工程方案"，涉及自然资源开发的项目具体详见"模块 3.4 资源开发方案"。

4. 用地用海征收补偿（安置）方案

（1）项目征地范围

说明拟建项目的征地范围及确定方法。

（2）实物调查

通过对拟建项目征地区和安置区的社会经济调查、征地安置实物指标量调查等，提出受影响土地、房屋、人口、工矿企业和专业设施等现状实物调查结果。

（3）土地征收补偿（安置）方案

根据有关法律法规政策规定和实物调查结果，提出土地征收补偿（安置）方案，主要包括征收目的、补偿方式、安置对象、安置方式、补偿和安置标准、社会保障等内容。对于涉及移民安置的大中型水利水电项目，需提出移民安置规划。

（4）用海征收补偿方案

1）用海征收补偿方案。涉及用海海域征收的项目，应根据调查结果和国家海域使用管理规定以及相关省市用海补偿有关规定、技术标准，研究提出用海征收补偿方案，主要包括海域补偿方案、种苗和海域附着物补偿方案等内容。

2）用海用岛利益相关者协调方案。用海用岛涉及利益相关者的项目，应按有关规定，界定利益相关者，开展相关利益协调分析和项目用海对国防安全和国家海洋权益的影响分析，提出利益相关者协调方案。用海用岛利益相关者协调方案可与（八）项目影响效果分析中社会影响分析相关内容统筹论述。

具体详见"模块3.5 用地用海征收补偿（安置）方案"。

5. 数字化方案

投资项目数字化建设有利于实现投资建设全过程的透明化、可视化，优化资源配置，促进项目全生命周期降本增效；有利于加快投资建设相关行业转型升级，推动产业数字化和数字产业化发展；有利于转变政府管理方式，进一步提升政府治理效能。可行性研究阶段，具备条件的项目应结合实际情况研究提出推进项目设计、施工、运维数字化应用和交付的方案。数字化方案包括但不限于以下内容：

（1）项目数字化应用方案

推进有条件的工程项目在设计、建设实施、运营维护等全过程中的一个或多个环节应用数字化技术，研究提出拟建项目全过程数字化管理方案，主要包括依据、目标、范围和内容、系统构成、功能配置、关键技术及其实现路径等内容，实现投资项目数字化应用。

（2）数字化交付方案

研究提出拟建项目数字化工程的交付要求、交付标准、交付内容、交付形式等内容。

具体详见"模块 3.6　数字化方案"。

6. 建设管理方案

（1）项目建设管理模式

借鉴国内外类似项目建设管理经验，结合项目规模、复杂程度和项目法人技术水平及管理能力，研究提出项目建设管理模式、建设组织模式以及相应的机构设置要求。

（2）项目施工组织设计

水利水电、铁路等重大项目，根据拟建项目工程方案和施工条件，确定主体工程施工方法、施工工艺、主要材料供应方式，以及新材料、新设备、新技术、新工艺的应用等；分析施工特性，明确施工工序、主要施工机械，提出施工总布置方案和主要工程量构成。

（3）项目进度管理方案

研究提出合理可行的项目建设工期，编制项目的实施进度计划，明确关键路径及建设过程中各阶段的工作进度和工期。

对于大型且复杂、投资巨大的建设项目，应根据项目总工期和分期建设计划，列出主要单项工程（主体工程和辅助工程）的建设起止时间及时序。

（4）项目招标方案

提出拟建项目的招标目的、招标原则，以及全过程咨询、工程总承包、勘察、设计、施工、运营、监理以及与工程建设有关的重要设备、主要材料等采购活动的招标范围、招标组织方式、招标方式等内容。

（5）项目质量、安全管理方案

研究提出拟建项目质量、安全管理的总体目标和要求、分项目标和要求，以及各参与单位质量、安全管理目标和要求。

（6）拟实施以工代赈的建设任务

根据拟建项目实际，在施工组织方式基本不变的情况下，对能够用人工的建设任务和用工环节，研究提出拟实施以工代赈的建设任务。

具体详见"模块 3.7　建设管理方案"。

（六）项目运营方案

1. 运营模式选择

（1）运营管理模式

在综合考虑项目性质、规模、风险及投资者自身能力等因素的基础上，研究提出拟建项目运营管理模式，并说明主要理由。

（2）运营管理责任

根据项目的性质、特点和生产经营需要，拟定项目运营主体的职责及相关要求。

（3）运营管理能力

委托第三方运营管理的，应提出对第三方的运营管理能力要求。

具体详见"模块 4.1　运营管理模式"。

2. 运营组织方案

（1）项目组织机构设置方案

根据拟建项目特点和生产运营安排，提出项目运营组织机构的法人治理结构、项目管理层级、组织架构和部门设置方案等。

（2）人力资源配置方案

拟定各部门管理职责与边界，合理设置相关岗位，提出各类人员的数量和岗位要求。

（3）员工培训需求及计划

研究提出员工培训计划，包括培训目标、内容、频次等。

（4）生产运营方案

对于产品生产类政府投资项目，简述产品生产经营计划、产品质量安全保障方案、原材料供应保障方案、燃料动力供应保障方案以及维护维修方案。

对于运营服务类政府投资项目，简述运营服务内容、执行标准、服务供给计划和工作量计量、服务流程以及维护维修与更新改造等内容。

（5）管理提升

对项目合规管理、治理体系优化及信息披露等提出明确要求。

具体详见"模块 4.2　运营组织方案""模块 4.3　产品生产方案""模块 4.4　运营服务方案"。

3. 安全保障方案

（1）设置安全及卫生保障机构

提出安全生产及卫生健康的责任主体、机构设置及相应管理人员配置要求。

（2）建立安全及卫生管理体系

明确各级安全生产管理责任，提出建设安全卫生管理体系的具体要求。

（3）安全及卫生健康措施方案

根据项目行业特征，分析拟建项目运营管理中存在的危险因素及其危害程度，提出相应的安全生产及卫生健康措施方案。

涉及物联网、信息技术和人工智能等领域的项目，应针对数据泄露、数据篡改、数据滥用、违规传输、非法访问、流量异常等网络信息及数据安全问题，提出切实可行的应对机制和防范措施。

涉及供应链安全的项目，应分析论证供应链系统中可能存在的"断供"风险，提出相应的风险防控措施和强链固链方案。

（4）安全应急管理预案

提出生产安全事故与紧急卫生防疫的应急管理预案，主要包括应急组织机构及职责、应急响应、处置措施、应急保障和应急演练要求等内容。

具体详见"模块 4.5　安全保障方案"。

4. 绩效管理方案

（1）绩效评价指标

根据项目建设目标任务，提出拟建项目全生命周期关键绩效指标，包括项目投入产出效率、直接效果、外部影响和可持续性等方面。

对于大型、复杂及分期建设项目，应按照分期项目分别确定绩效目标和评价指标体系，并说明影响项目绩效目标实现的关键因素。

（2）绩效管理机制

研究提出绩效管理机制，主要包括绩效管理机构设置及人员配置、绩效计划制定、绩效考核评价及反馈、绩效激励及考核结果应用。

具体详见"模块 4.6　绩效管理方案"。

（七）项目投融资与财务方案

1. 投资估算

（1）投资估算依据

提出拟建项目在总投资费用构成、估算指标、计算方法、估算精度要求等方面的依据。

（2）投资估算范围

提出拟建项目投资估算的范围，应与建设方案所涉及的范围、所确定的各项工程内容相一致。

（3）投资估算说明

1）建设投资估算。按照项目单项工程估算其所需的建筑工程费、设备购置费、安装工程费，按照整体项目估算工程建设其他费用和工程预备费用并汇总。

2）建设期融资费用估算。根据项目融资方案，说明建设期融资费用。

3）流动资金估算。根据对项目运营的预测，估算流动资金。

4）总投资估算。按照投资估算的内容和估算方法要求，汇总得出项目总投资。

（4）分年度投资计划

根据项目实施进度安排，提出分年度投资计划，并按照税法有关要求对投资所涉及的增值税进项税进行分列。

具体详见"模块 5.1　投资估算""模块 5.4　融资方案"。

2. 收入和成本预测

（1）财务收入预测

分析项目各年度的财务收入，主要包括营业收入和补贴收入等。

营业收入估算的关键是确定产品或服务的数量和价格。多种产品或服务的项目，应分别预测各种产品或服务的营业收入。对不便于按详细的品种分类计算营业收入的项目，也可采取折算为标准产品或打包成产品组合的方法计算营业收入。在营业收入估算的同时，还应依据项目实际缴纳税种情况，对项目税金及附加进行估算。

补贴收入包括先征后返的增值税、按销量或工作量及有关补助标准计算并按期给予的政府补贴，以及属于财政支持而给予的其他形式的补贴等。补贴收入应根据财政、税务部门有关规定，分别计入或不计入应税收入。

（2）成本费用预测

估算总成本费用和经营成本。项目总成本费用一般由外购原材料费用、外购燃料动力费用、人员费用、维护修理费用、其他管理费用、其他营业费用、折旧摊销、财务费用等构成。总成本费用中扣除折旧摊销、财务费用后构成项目的经营成本。

具体详见"模块 5.2　收入和成本"。

3. 融资前盈利能力分析

融资前盈利能力分析不考虑融资因素，在假定项目全部投资均为权益资金的条件下，考察项目计算期内的现金流入和流出情况，计算项目财务内部收益率和净现值等相关评价指标，通过项目本身的盈利能力分析来判断项目的投资价值及获取潜在融资的可能性。

具体详见"模块 5.3　盈利能力分析"。

4. 融资方案

（1）融资方案比选

在初步确定项目的资金筹措方式和资金来源后，应进一步对融资方案进行分析，比选并推荐资金来源可靠、资金结构合理、资金成本较低、融资风险较小的方案。

1）依法合规性分析。项目融资方案要符合国家和项目所在地关于政府债务、项目规范融资、项目资本金比例等相关法律法规要求。

2）资金到位情况分析。应对资金到位的时间、资金金额、资金提供人的资信等进行分析，以保证资金来源和资金到位的可靠性。

3）资金来源匹配性分析。一是资金来源配比分析。主要包括资本金与债务资金的比例、股本结构和债务结构比例等。应针对不同的资金来源方式进行配比分析，以明确各类资金来源的配比情况。二是政府出资规模分析。根据国家相关法律法规规定，在采用资本金注入的政府投资项目中，确定合理的出资规模，以充分有效利用民间资本和外来资本，切实发挥政府性资金的调控和引导作用。

4）资金成本分析。分析计算不同融资方案中的权益资金成本、债务资金成本和加权平均资金成本。

（2）推荐融资方案

1）资金来源和结构。说明项目权益资金和债务资金的形式、各种资金占比、资金来源以及资本金结构、债务资金结构等，论证项目申请政府资金投入的必要性和方式，提出项目资金闭环管理方案。

对于引入社会资本参与的项目，由于涉及公共资源配置和公众利益保障，需分别从政府和社会资本的角度，对是否采用特许经营模式进行比较和论证，从而做出是否适合引入社会资本的研究结论。同时，根据项目资产权属、社会资本参与期限、收入来源、风险分担程度等因素，确定特许经营的具体实施模式。

2）资金成本。说明权益资金成本、债务资金成本和加权平均资金成本。

（3）项目资金筹措计划方案

在分年投资计划和融资方案的基础上，制定项目资金筹措和使用计划，并计算建设期融资费用。

具体详见"模块 5.4　融资方案"。

5.融资后盈利能力分析

（1）现金流量分析

在考虑融资因素的情况下，研究项目计算期内的现金流入和流出情况，计算项目财务内部收益率和净现值等相关评价指标，分析判断考虑融资方案情况下的项目获利能力，以及参与各方的投资效益，体现项目实施能够带给利益相关方的实际收益。

（2）利润和利润分配分析

通过分析项目利润形成和分配情况，计算资本金净利润率和总投资收益率等静态分析指标，判断项目获利能力。

具体详见"模块5.3　盈利能力分析"。

6. 债务清偿能力分析

（1）偿债能力评价

对于使用债务资金的投资项目，应按照债务资金的金额、期限和偿还方式等条件，计算利息备付率、偿债备付率等指标，评价拟建项目的偿债能力。

（2）资产负债分析

开展项目资产负债分析，计算资产负债率等指标，并结合国家宏观经济状况、行业发展趋势、项目所处市场环境等具体条件，综合判定拟建项目资金结构的合理性，以及项目单位筹资能力和经营安全稳健性。

具体详见"模块5.5　债务清偿能力分析"。

7. 财务可持续性分析

（1）现金流量分析

通过考察项目计算期内的经营活动、投资活动和筹资活动所产生的各项现金流入和流出，计算净现金流量和累计盈余资金，分析项目是否有足够的净现金流量维持正常运营。

（2）现金流接续分析

对于累计盈余资金出现负值的项目，应研究提出现金流接续方案。

1）对于没有营业收入的非经营性项目，需要进行资金平衡分析，研究确定政府资金的需求量以及其他资金缺口，并提出弥补资金缺口的措施。

2）对于具有营业收入但不足以补偿经营成本的准经营性项目，应通过经营活动净现金流差额估算运营期各年需要政府给予补贴的资金数额。

3）对于运营短期内收入不足以补偿经营成本的准经营性项目，需要推算相关年份所需的资金补贴数额，分析政府在有限时间内提供财政补贴的可行性，提出相关方的支持方案。

（3）财政可负担性分析

对于使用地方政府资金的项目，应识别、测算项目的各项财政支出责任，客观评价项目实施对当前及今后年度地方财政支出的影响，为项目财政管理提供依据，防范当地政府隐性债务风险。

具体详见"模块5.6　财务可持续性分析"。

8. 不确定性分析

根据拟建项目的具体情况，有选择地进行盈亏平衡分析、敏感性分析。

盈亏平衡分析是通过计算项目达产年的盈亏平衡点，分析项目成本与收入的平衡关系，考察项目对市场及产品或服务交付的适应能力和抗风险能力。

敏感性分析是通过分析、预测项目主要不确定因素的变化对项目财务评价指标的影响，从中找出敏感因素，确定财务评价指标对该因素的敏感程度和项目对其变化的承受能力。

具体详见"模块5.3　盈利能力分析"。

9. 财务评价结论

综合考虑项目财务盈利能力、债务清偿能力和财务可持续性的分析结果，判断项目的财务可接受性，明确项目对财务主体及投资者的价值贡献。

（八）项目影响效果分析

1. 经济影响分析

（1）经济费用效益分析和费用效果分析。当项目经济费用和效益能够货币化计算，或其中主要部分易于货币化计算时，应采用经济费用效益分析方法。当项目效益难于或不能货币化计算，或货币化计算的效果不是项目目标的主体时，应采用费用效果分析方法。

（2）对于重大投资项目，还应对宏观经济、产业经济和区域经济影响进行分析论证，综合判断拟建项目的经济合理性。

具体详见"模块6.1　经济影响分析"。

2. 社会影响分析

（1）社会现状调查

说明社会调查的范围、内容、方式、方法，以及调查具体情况和调查结论。

（2）社会影响因素的识别

在社会现状调查的基础上，识别拟建项目现实的和潜在的社会影响，筛查项目可能产生的显著社会影响，明确社会影响评价的时间和空间范围。

（3）利益相关者分析

对项目影响的各类利益群体及其受到的影响、其对项目的影响作出分析判断。

（4）社会影响分析

从员工、社区、社会等层面分析预测拟建项目可能产生的正面影响和负面影响，并对社会影响效果作出评价。涉及采取以工代赈等方式的项目，还需评价采取该方式在带动当地就业、促进技能提升等方面的预期效果。

（5）社会管理措施

提出利益增加措施、减缓项目负面社会影响措施，以及利益相关者参与计划等社会管理内容。

具体详见"模块6.2　社会影响分析"。

3. 生态环境影响分析

（1）评价依据和评价标准

提出拟建项目生态环境影响分析的主要评价依据和评价标准。

（2）评价范围和保护目标

结合生态环境现状调查与评价结论，研究提出拟建项目的生态环境评价范围以及评价范围内的生态环境保护目标。

（3）区域环境质量现状和生态环境现状

根据区域环境特征、项目特点，在拟建项目生态环境影响评价范围内，对其自然环境、生态环境以及环境敏感区分布状况等方面选择相应内容进行现状调查，提出与拟建项目相关的原有环境污染和生态破坏问题，并对环境质量现状作出评价。

（4）生态环境影响分析

分析、预测和评价拟建项目施工期、运营期在污染物排放、地质灾害防治、防洪减灾、水土流失、土地复垦、生态保护、生物多样性和环境敏感区等方面对生态环境可能造成的影响。

（5）生态环境保护措施

研究提出拟建项目在施工期、运营期拟采用的生态环境影响减缓、生态保护与恢复以及污染物减排等措施，评价拟建项目能否满足有关生态环境保护政策要求。

（6）生态环境管理与监测计划

针对拟建项目施工期、运营期等不同阶段，研究提出环境监理、环境监测计划等环境管理要求。

具体详见"模块 6.3　生态环境影响分析"。

4.资源和能源利用效果分析

（1）资源利用效果评价

1）资源综合利用方案。分析拟建项目的矿产资源、森林资源、水资源、再生资源、废物和污水资源化利用等情况，评价资源利用效率的水平和先进程度。

2）资源节约措施。研究提出拟建项目在提高资源利用效率、降低资源消耗、实现资源再利用与再循环等方面的措施，计算采取措施后的资源消耗总量及强度，判断是否符合国家、行业和项目所在地区关于资源节约和有效利用的相关要求。

（2）节能评价

1）节能评价依据。提出拟建项目节能评价的主要依据。

2）拟建项目用能方案。确定拟建项目能源使用方案，主要包括能源消耗种类、数量及能源使用分布情况（包括原有及新增）。

3）节能措施及效果分析。研究提出相关节能措施，鼓励采用可再生能源，计算采用节能措施后项目全口径能源年总消耗量、可再生能源占比，通过国内国际对比分析，判断能耗指标是否达到同行业国内外先进水平。

4）能源消费影响分析。分析判断拟建项目新增能源消费对当地能源消费总量和能源消耗强度目标的影响。

具体详见"模块 6.4 资源和能源利用效果分析"。

5. 碳达峰碳中和分析

对于高耗能、高排放项目，可行性研究阶段应在项目能源资源利用分析的基础上进行碳达峰碳中和分析。

（1）分析依据

提出拟建项目碳排放影响分析的主要依据。

（2）碳排放核算

确定拟建项目碳排放的分析边界，分别计算项目建设期碳排放量、项目运营期碳排放量，并进行重点产品碳排放分析。

（3）项目碳减排措施及效果分析

提出拟采取减少碳排放的措施和计划，明确落实节能降碳的路径与方式，依据国家和省级公开发布的碳排放指标标准，评价拟建项目碳排放水平。

（4）对所在地区碳达峰碳中和目标实现的影响

分析项目建设后对所在地区碳排放强度考核目标可达性的影响程度，判断项目建设后对区域碳达峰碳中和目标实现时间和峰值的影响。

具体详见"模块 6.5 碳排放影响分析"。

（九）项目风险管控方案

1. 风险识别与评价

（1）风险调查及风险识别

识别拟建项目在市场需求、产业链供应链、关键技术和设备、工程建设、运营管理、投融资、财务效益、生态环境、社会影响、网络与数据安全等方面需要关注的主要风险点。

在前述章节已完成相应领域风险调查和风险识别内容的，可直接引用相关论证结果。

（2）风险评价

对识别的项目风险发生的可能性、发生后果的严重程度等进行分析，结合项目单位风险偏好及承受能力等，判断风险等级，确定项目面临的主要风险。

具体详见"模块 7.1 风险识别与评价"。

2. 风险管控方案

（1）项目风险防范和化解措施

结合项目特点和风险评价结论，分类研究提出风险防范和化解措施，包括风险回避、风险控制、风险转移和风险自担，并明确风险化解的目标、风险控制的节点和时间等。

（2）风险信息监测和预警

对项目单位选择风险控制的主要风险提出动态管理方案，设置相应的信息监测、预警指标等。

对于重大项目，应当对社会稳定风险进行调查分析，查找并列出风险点、风险发生的可能性及影响程度，提出防范和化解风险的方案措施以及采取相关措施后的社会稳定风险等级建议。对可能引发"邻避"问题的项目，应提出综合管控方案，保证影响社会稳定的风险在采取措施后处于低风险且可控状态。

具体详见"模块 7.2 主要风险管控方案""模块 7.4 重大项目社会稳定风险评估"。

3. 风险应急预案

结合项目单位组织管理体系、项目类型、建设（生产）规模和可能发生的事故特点，研究制定重大风险应急预案，明确应急处置及应急演练要求等。

（1）机构设置

研究提出应急组织形式及应急处置职责，主要包括组织架构、部门设置、成员构成以及职权和义务等事项。

（2）预警机制

研究提出监测、预警和信息报告等相关内容和要求。

（3）应急响应

研究提出响应分级、响应程序、应急措施等相关内容和要求。

（4）后期处置

研究提出污染物处理、建设（运营）秩序恢复、医疗救治、人员安置、善后赔偿等后期处置内容和要求。

（5）应急保障

研究提出通信与信息保障、应急队伍保障、经费保障、物资装备保障和其他保障的相关措施。

（6）预案管理

研究提出应急预案的评估、修订以及培训、演练等事项的具体要求。需要备案的应急预案，还应明确报备部门、备案方式和审核要求。

具体详见"模块7.3　重大风险应急预案"。

（十）研究结论及建议

1. 主要研究结论

从建设必要性、要素保障性、工程可行性、运营有效性、财务合理性、影响可持续性、风险可控性等维度分别简述项目可行性研究结论，评价项目在经济、社会、环境等各方面的效果和风险，提出项目是否可行的研究结论。

2. 问题与建议

针对项目需要重点关注和进一步研究解决的问题，提出相关建议。

（1）需要进一步研究解决的问题。

（2）相关建议。

（十一）附表、附图和附件

根据项目实际情况和相关规范要求，研究确定并附可行性研究报告必要的附表、附图和附件等。

二、企业投资项目可行性研究报告编写应用指引

（一）概述

1. 项目概况

（1）项目名称（简称）。

（2）项目建设目标任务。

（3）项目建设地点。

（4）项目建设内容和规模（含主要产出）。

（5）项目建设工期。

（6）项目投资规模和资金来源。

（7）项目建设模式和运营模式。

（8）项目主要技术经济指标。

2. 企业概况

（1）项目单位基本情况

简述企业基本信息、发展现状、财务状况、类似项目情况、企业信用和总体能力等情况。

（2）企业综合能力情况

从项目负责人及团队能力、技术研发能力、生产经营能力、设施设备和资金保障能力等多方面分析企业综合能力以及与拟建项目的匹配性。

属于国有控股企业的，应说明其上级控股单位的主责主业，以及拟建项目与其主责主业的符合性。

（3）其他情况说明

简述有关政府批复和金融机构支持等其他情况。

3. 编制依据

（1）国家和地方有关支持性规划。

（2）产业政策和行业准入条件。

（3）企业发展战略。

（4）主要标准规范。

（5）专题研究成果。

（6）其他依据。

4. 主要结论和建议

（1）项目是否可行的结论。

（2）进一步研究的问题和相关建议。

（二）项目建设背景、需求分析及产出方案

1. 规划政策符合性

（1）项目建设背景

根据相关宏观战略、区域规划、产业政策、市场需求等内容，以及企业发展战略、国有控股企业及其上级控股单位主责主业等要求，分析论证项目建设的主要依据和理由。

（2）前期工作进展

简述项目前期工作完成或进展情况，说明项目可行性研究成熟程度。

1）简述项目规划选址意见书和用地预审、重大项目社会稳定风险评估审核等行政审批（服务）手续办理情况。特许经营项目还需说明相关实施流程进展情况。

2）简述已完成或正在开展的专题研究成果和结论情况。

3）简述其他前期工作进展情况。

（3）战略规划符合性分析

1）国家发展战略符合性。对于重大企业投资项目，应从宏观战略符合性角度，阐述拟建项目与国家战略的重大布局，以及扩大内需、共同富裕、乡村振

兴、科技创新、节能减排、碳达峰碳中和、国家安全和应急管理、基本公共服务保障等国家战略目标的符合性。

2）相关重大规划符合性。阐述拟建项目与经济社会发展规划、区域规划、专项规划、国土空间规划等重大规划的符合性，对拟建项目是否符合相关规划的要求、项目建设目标与规划内容是否衔接和协调等进行分析论证。

（4）产业政策符合性分析

对于产业投资项目，阐述与拟建项目相关的产业结构调整、产业发展方向、产业空间布局、产业链供应链安全、产业技术政策等产业政策内容，分析拟建项目的产品方案、建设方案等是否符合有关产业政策、法律法规的要求。

（5）行业和市场准入分析

阐述与拟建项目相关的行业准入政策、准入标准等内容，分析评价项目建设单位和拟建项目是否符合相关规定。

具体详见"模块 1.1　项目建设背景""模块 1.2　规划政策符合性"。

2. 企业发展战略需求分析

（1）拟建项目与企业发展战略的符合性分析

从企业战略需求角度，分析、研究、解读企业战略和企业总体发展规划相关内容，论述拟建项目与企业战略方向、战略态势和战略类型等的一致性和匹配性。

（2）拟建项目对实现企业发展战略的重要性和紧迫性分析

应分析企业内外部环境、面临的机会与挑战，研究企业资源基础条件、核心竞争力等现状情况，论证拟建项目实施对企业合理配置资源、提高企业竞争力以及对实现企业未来战略目标的作用和影响。

具体详见"模块 1.4　企业战略匹配性"。

3. 项目市场需求分析

（1）市场现状调查

考察相关政治法律环境、经济环境、科技环境和社会环境等因素，调查并论述拟建项目所涉产品或服务的市场容量、价格，以及产业链供应链稳定性和市场竞争力现状，分析拟建项目所在行业的业态及可能的投资机会。

（2）市场需求预测

在市场现状调查的基础上，考虑目标市场的人口数量、消费者需求、年龄结构、行业发展、区域市场情况等影响因素，预测设计水平年产品或服务的需求总量和结构、潜在可供应量，并分析研判供需状况。

（3）价格预测

根据拟建项目具体情况，对影响价格形成与变化的各种因素进行分析，选择适宜的预测方法，确定项目产品或服务的销售价格和投入品的采购价格。

项目单位对外销售产品或提供服务的定价和调价，要根据市场竞争环境和所属行业价格管理政策等实际情况确定。对于充分竞争的市场，产品或服务价格的确定应符合市场配置资源的相关要求。对于非充分竞争的市场，应按照市场供需均衡、合理收益、风险匹配、社会可承受等原则确定其产品或服务的价格，实行政府指导价或者政府定价；必要时应研究运营期间的价格调整机制，包括价格调整周期或调价触发机制、调价方法、调价程序及各方权利义务等。

（4）竞争力分析

根据市场需求调查和预测情况，评价市场饱和程度。简述企业或投资者竞争力以及主要竞争对手情况，重点从项目区位、资源占有、工艺技术装备、产品或服务质量特性、规模效益、新产品开发能力、价格、品牌商誉、人才资源等方面分析论证项目产品或服务的竞争力。

（5）市场营销策略分析

结合目标市场分析和竞争力分析成果，预测产品或服务的市场拥有量。对于规模较大、市场竞争比较激烈的项目产品或服务，应研究提出市场营销策略，一般包括销售方式、销售渠道、销售网点、价格定位、宣传手段、结算方式和售后服务等初步方案。

具体详见"模块 1.3　项目需求分析"。

4. 项目建设内容、规模和产出方案

（1）建设目标任务

1）拟建项目功能定位。统筹考虑重大规划和重大政策中与拟建项目相关的发展方向要求、约束性指标，以及需求分析预测结论，提出拟建项目功能定位。

2）拟建项目目标任务。根据需求分析结论，并统筹考虑要素保障、资金保障、规模经济等因素，经多方案比选确定拟建项目目标任务。对于多目标综合建设的项目，要按照国家政策和总体效益优化原则，结合项目建设条件和主次功能定位，论证项目目标任务及其主次顺序。对于涉及分期建设的项目，应说明项目的近期和远期目标任务，阐述项目每期建成后应发挥的作用、解决的问题和满足需求的程度。

（2）建设内容和规模

应根据需求方案研究成果，并结合相关规划政策要求、项目功能定位和建设目标任务等，拟定多个工程建设规模方案，从社会、技术、经济、环境等方面进行多方案综合比选，确定项目建设内容及规模。

对于大型、复杂及分期建设的项目，应根据项目整体规划、资源利用条件及近远期需求预测，明确项目近远期建设内容、建设规模和建设进度安排，并说明预留发展空间及其合理性、预留条件对远期规模的影响等。

对于改扩建和技术改造项目，还需阐述现有设施利用方案，在充分有效利用现有设施的基础上，研究提出项目建设内容及规模。

（3）项目产出方案

根据市场预测的需求量，并结合项目功能定位、目标任务，对产出方案进行多方案比选，确定拟建项目在正常生产运营年份达到的生产或服务能力，以及项目主导产品或服务、辅助产品或服务、副产品或服务及其生产能力和质量要求的组合方案。对于涉及分期建设的项目，应提出分期产出方案。

（4）评价项目建设内容、规模和产出方案的合理性

分析项目建设内容、规模和产出是否满足市场需求，评价项目建设内容和规模与产出规模的适配性。

具体详见"模块1.6　建设目标和任务""模块1.7　建设内容和规模""模块1.8　项目产出方案"。

5. 项目商业模式

（1）确定项目商业模式

企业应当依据自身发展战略、投融资能力、资产与负债的匹配，以及项目收入来源和结构、项目风险等因素，选择适宜的商业模式。

（2）分析商业可行性

根据企业发展战略和项目所在行业风险，分析项目成本结构，评价项目收益是否满足项目法人最低要求；研究投资人和金融机构参与的方式和条件，判断项目商业可行性和投资人、金融机构等相关方的可接受性。

（3）研究商业模式创新路径

结合项目所在地政府或相关方可以提供的条件（资金或税收支持、项目配套设施、经营性资源注入、要素保障、手续办理等），通过企业业务协同和资源共享，研究商业综合开发等模式创新路径，分析创新商业模式对项目投资回报水平的影响，以实现企业整体利益最大化。

具体详见"模块 1.9　项目商业模式""模块 5.3　盈利能力分析""模块 5.4　融资方案"。

（三）项目选址与要素保障

1. 项目选址或选线

（1）项目选址选线的要求

根据项目的行业特点和实际需求，研究提出拟建项目场址、线路选择的基本要求。

（2）选址选线方案比选

以国土空间规划为基本依据，结合区域规划与产业布局，并考虑拟建项目近远期目标任务要求，提出多个工程场址、线路比选方案，从规划条件、技术条件、经济条件、生态环境影响和社会条件等方面综合比选论证，择优选定场址、线路方案。

（3）推荐选址选线方案

应根据土地取得方式、土地取得进度等实际情况，推荐场址、线路方案具体可参考但不限于以下内容：拟建项目场址或线路的地理位置、土地权属、供地方式、土地利用状况、矿产压覆、占用耕地和永久基本农田、涉及生态保护红线、地质灾害危险性评估等情况。

具体详见"模块 2.1 项目选址选线"。

2. 项目建设条件

可行性研究报告应对项目建设所涉及的各类建设条件进行调查分析和阐述说明，包括但不限于以下内容：

（1）自然环境条件

简述拟建项目所在地的自然地理概况、气象、水文、泥沙、地质、地震、防洪、生态环境本底等条件，对项目建设有较大影响的要素应进行重点分析。

（2）交通运输条件

分析研究拟建项目场址周边的铁路、公路、港口、机场、管道等交通运输条件是否满足项目需求。

（3）公用工程条件

分析研究拟建项目场址周边的市政道路、水、电、气、热、消防和通信等公用工程的现状条件和发展规划是否满足项目需求。

（4）其他条件

分析研究拟建项目场址的施工条件，以及项目所在地的技术和人力条件、生活配套设施及公共服务依托条件等是否满足项目需求。

对于改扩建和技术改造项目，还要分析现状用地范围内已接入公用工程条件的容量和能力，以及是否满足项目需求。

具体详见"模块 2.2 项目建设条件"。

3. 要素保障分析

（1）土地要素保障

土地要素是项目建设的基本前提和重要保障，可行性研究阶段应根据比选后确定的建设方案论证建设项目用地的合理性、节地水平的先进性，以及土地要素的保障能力。

1）项目用地总体情况。简要说明拟建项目用地总体情况，主要包括用地面积、土地权属和用途。

2）土地要素保障条件。分析拟建项目用地与相关的国土空间规划、土地利用年度计划、建设用地控制指标等土地要素保障条件的符合性。涉及耕地、园地、林地、草地等农用地转为建设用地的，应说明农用地转用指标、转用审批手续办理安排及耕地占补平衡的相关情况。涉及占用永久基本农田的，应说明永久基本农田占用补划情况。

3）节约集约用地论证分析。开展节约集约用地论证分析，结合行业专业技术设计规范、建设规范、节地标准等，评价拟建项目总用地规模和各功能分区规模的合理性，分析采用的节地技术、节地措施，取得的节地效果，论证节地水平的先进性。对于因安全生产、地形地貌、工艺技术等特殊要求确需突破土地使用标准确定的规模和功能分区的投资项目，还应重点论证超标原因。

4）用海用岛保障分析。对于涉及用海用岛的项目，应明确用海用岛的方式、具体位置和规模等内容，分析拟建项目用海用岛与海洋功能区划及相关规划的符合性，说明用海方式、用海面积、用海期限的合理性。对于涉及利用岸线、航道的项目，还应分析占用港口岸线资源、航道资源的基本情况及其保障条件。对于需围填海的项目，应说明围填海基本情况，分析其保障条件。

具体详见"模块 2.3 土地要素保障""模块 2.7 用海用岛要素保障"。

（2）资源环境要素保障

1）水资源要素保障。直接从江河、湖泊或地下取水以及高耗水的项目，应阐述拟建项目用水规模、水资源配置方案、取水用水影响等，明确河湖生态流量保障目标、江河流域水量分配指标、地下水取用水总量和水位管控指标、用水总量和效率控制指标、水功能区限制纳污等水资源管控要求，论证项目所在地区水资源承载能力和保障条件。

市政供水的项目，应简述拟建项目所需用水总量、单位用水指标情况，明确项目所在地区和所属行业的用水指标要求，分析评价项目的水资源保障能力和保障水平。

具体详见"模块 2.4　水资源要素保障"。

2）能源要素保障。简述拟建项目所需能源类型、能效水平和能源消费情况，明确综合能源消耗总量和强度调控、控制化石能源消费、碳排放总量和强度等指标控制要求，分析评价项目的能源要素保障能力和保障水平。

具体详见"模块 2.5　能源要素保障"。

3）生态环境要素保障。简述拟建项目建设和运营中排放污染物的种类、浓度和年度排放总量，以及项目对水土流失、生态保护、生物多样性和环境敏感区等方面的影响，明确与项目相关的重点管控区域、生态环境质量目标以及污染物排放标准和重点污染物排放总量控制指标等管控要求和约束指标，分析评价项目生态环境要素保障能力和保障水平。

具体详见"模块 2.6　生态环境要素保障"。

（3）其他关键要素保障

对于存在特定要素需求的建设项目，应分析是否存在特定的限制因素，如关键技术、关键设备、关键原材料等，评估特定关键要素的成熟性、完备性、可得性和可持续性等，论证特定关键要素保障能力和保障水平。

具体详见"模块 2.8　其他关键要素保障"。

（四）项目建设方案

1. 技术方案

（1）技术目标

根据项目目标任务，提出切实可行的技术目标。

（2）技术方案比选

在调查研究国内外同类项目所采用的各种工艺技术优缺点、发展趋势的基础上，结合拟建项目产出方案提出多个技术比选方案。综合考虑技术的先进性、可靠性、可获得性，以及技术方案对项目产出方案的保证程度、技术适应性、工艺流程的合理性、自动控制化水平、对生态环境的影响程度以及技术转让费或专利费等因素进行比选论证，择优选择先进可靠、经济合理的技术方案。

（3）推荐技术方案

1）技术方案依据。提出拟建项目推荐技术方案的主要依据。

2）技术路线。简述推荐技术路线的理由、技术目标、技术指标和技术特点。对于改扩建和技术改造项目，应考虑与原有技术的结合，确定选择更新替代、改造升级或并行等方式。

3）技术来源。分析技术来源的方式、范围、内容、预期效果效益及其可得性。对于专利或关键核心技术，需要分析其取得方式的可靠性、知识产权保护、技术标准和自主可控性等。

4）工艺流程。简述主要工艺过程及特点、技术参数，考虑原材料、燃料动力供应等因素，计算各装置的主要物料平衡、燃料平衡。

对于设置大型联合装置的项目，要说明各装置间的物料互供关系。

对于改扩建和技术改造项目，要分别列出改造前后物料平衡情况，并根据改造方案，说明有项目、无项目和增量的物料情况。

对于涉及分期建设的项目，需要阐述分期工艺流程方案。

具体详见"模块 3.1 技术方案"。

2. 设备方案

（1）主要设备比选

在充分调查研究国内外设备生产、供应、运行状况的基础上，结合技术方案提出多个主要设备（含软件）方案。综合考虑各设备方案对建设规模的满足程度、主要设备与辅助设备相互配套、对项目产品或服务质量和工艺流程要求的保证程度、设备使用寿命、安全实用性、物料消耗指标、操作要求、设备（含软件）投资和运行维护费用等因素进行多方案比选，择优提出推荐方案。

（2）推荐设备方案

1）设备方案依据。提出拟建项目推荐设备方案的主要依据。

2）主要设备选型。根据项目建设规模、产品方案和技术方案，研究提出所需主要设备（含软件）的名称、规格、技术参数和数量要求。

3）主要设备来源。提出项目所需主要设备（含软件）的来源和价格。对于进口设备，应阐述引进的理由、范围、方式和参考价格，并考虑适量的备品备件。

4）自动控制系统。简述自动控制系统的选型原则，说明系统构成、基本配置、功能要求及技术性能。

5）特殊设备要求。对于涉及超限设备的项目，应简述大型超限设备概况、超限内容和解决方法；对于涉及特殊设备的项目，应提出相应的运输和安装技术方案。

对于改扩建和技术改造项目，应简述原有设备和自动化状况，在充分利用或改造原有设备的基础上，提出项目设备方案，并说明新老自动控制系统结合与提升情况。

对于涉及分期建设的项目，需要阐述分期设备方案。

具体详见"模块 3.2　设备方案"。

3. 工程方案

（1）工程方案比选

在选定建设内容和规模、技术方案和设备方案的基础上，提出多个工程方案，综合考虑规划符合性、使用功能、节能环保、节约用地、征地移民、绿色低碳、地质条件、资源条件、施工难度和工期、运营维护、建设投资以及经济性和潜在影响与风险等因素进行比选论证，择优选择推荐方案。

（2）推荐工程方案

不同行业的工程方案所包含的内容差异很大、深度不尽相同，因此可行性研究阶段推荐工程方案应根据项目所属行业现行的相关标准规范确定编制内容和深度。

1）工程方案依据。提出拟建项目推荐工程方案各专业的政策法规、标准、规范等主要依据。

2）工程总体布置方案。阐述拟建项目工程总体布置方案，说明功能区域划分和布局特点，以及在竖向设计、交通组织、防火设计、景观绿化、环境保护等方面所采取的具体措施。

3）主要建（构）筑物方案。在推荐技术方案和设备方案的基础上，根据拟建项目所属行业和工程特点，并充分考虑土地利用、地上地下空间综合利用、人民防空工程、抗震设防、防洪减灾、消防应急等要求，以及绿色、低碳和韧性工程相关内容，研究提出主要建筑物、构筑物和公用工程方案。

4）内外部运输方案。根据建设规模与项目功能、技术方案、设备方案和工程方案确定的主要投入物和产出物的品种、数量和流向，研究提出项目内外部运输方案。

5）外部市政配套方案。研究提出拟建项目水、电、气、热、通信等从市政条件接入点至项目用地红线的接驳方案。

6）其他配套设施方案。提出维修、仓储设施等其他配套设施方案。

对于改扩建和技术改造项目，应说明项目单位现状建筑物、构筑物及配套条件，结合上述现状情况合理确定工程方案。

对于涉及分期建设的项目，需要阐述分期建设方案。

对于涉及重大工程技术问题的项目，还应阐述需要开展的专题论证工作。

具体详见"模块 3.3 工程方案"。

4. 资源开发方案

对于资源开发类项目，应研究制定资源开发方案。

（1）资源开发方案的依据

提出拟建项目资源开发方案的主要依据。

（2）资源及开发利用状况

1）资源开发总体规划及资源勘查。简述由政府主管部门批复的资源开发总体规划情况，说明资源总量及分区资源量、资源品质、赋存条件、开发价值等，说明拟建项目资源开发方案与资源开发总体规划的关系。同时根据勘查结果阐述项目所在区域的资源状况和水文地质条件，特别是重点矿种开发项目、重点成矿区带和大中型矿产地的开发项目，应在区域层面进行细化研究。

2）资源开发利用状况。简述项目所在区域的资源开发利用现状，包括已经建设的资源开发利用工程规模、市场供应情况等，说明现状资源开发利用程度。

（3）资源开发条件分析

1）资源储量。根据项目性质、相关设计规范、水文地质与资源勘察报告，分析计算资源可开采（可利用）储量，判断资源储量的可靠程度是否满足拟建项目需要。

2）资源品质与赋存条件。分析拟建项目资源的类型、品种、品位、矿物组成、物理特性和化学特性等自然品质条件，以及地质构造、水文地质、埋深、厚度、矿体规模及产状、油气藏特征等赋存条件，判断资源条件是否稳定、是否具备建设大型矿井或综合机械化开采的可能性。

（4）开采方案分析

1）开采规模方案。根据资源禀赋、开采条件以及经济性等因素，分析提出拟建项目合理的资源开发（开采）规模和开发（开采）年限，并处理好资源近期开发量与远期开发量的关系。

2）开拓与开采方案。综合考虑资源赋存、外部建设条件、开发技术、装备水平等因素进行比选论证，选择合理可行的开拓与开采方案。阐述矿产资源开拓方式、开采方法与工艺流程、生产能力和开拓运输方案等，分析有关资源损失率或回采率、贫化率等指标。

3）主要设备方案。根据开采规模、开拓与开采方案，分析资源开发所需的采掘、提升、运输、排水、通风、压气等主要设备的名称、规格、技术参数和数量要求。若是分期开发项目，应考虑各期设备的拓展方案与接口等。

4）洗选加工方案。对于需要洗选加工的矿产资源开发项目，应综合考虑资源品质、市场定位、生产建设条件等因素，选择合理可行的洗选加工方案。阐述矿产资源洗选加工的工艺流程、厂房布置、设备选择等方案，并明确精矿品位、洗选回收率等内容。

（5）综合利用方案

综合开发利用包括共伴生矿产资源的开发利用和废弃物的综合利用等方面，

对于有共伴生矿产的矿体，需提出综合开发、协同开采利用方案，提高共伴生矿产资源的综合开发利用能力。对于目前暂不能回收利用的部分，要提出可行的保护性处理措施。对矿产资源开发产生的废弃物，应提出资源化再利用措施，避免造成资源浪费和破坏矿区环境。

（6）资源开发效率分析

按照相关行业资源合理开发利用水平评价指标体系的要求，分析拟建项目资源开发利用效率指标。

具体详见"模块 3.4　资源开发方案"。

5.用地用海征收补偿（安置）方案

（1）项目征地范围

说明拟建项目的征地范围及确定方法。

（2）实物调查

通过对拟建项目征地区和安置区的社会经济调查、征地安置实物指标量调查等，提出受影响土地、房屋、人口、工矿企业和专业设施等现状实物调查结果。

（3）土地征收补偿（安置）方案

根据有关法律法规政策规定和实物调查结果，提出土地征收补偿（安置）方案，主要包括征收目的、补偿方式、安置对象、安置方式、补偿和安置标准、社会保障等内容。对于涉及移民安置的大中型水利水电项目，需提出移民安置规划。

（4）用海征收补偿方案

1）用海征收补偿方案。涉及用海海域征收的项目，应根据调查结果和国家海域使用管理规定以及相关省市用海补偿有关规定、技术标准，研究提出用海征收补偿方案，主要包括海域补偿方案、种苗和海域附着物补偿方案等内容。

2）用海用岛利益相关者协调方案。用海用岛涉及利益相关者的项目，应按有关规定，界定利益相关者，开展相关利益协调分析和项目用海对国防安全和国家海洋权益的影响分析，提出利益相关者协调方案。用海用岛利益相关者协调方案可与（八）项目影响效果分析中社会影响分析相关内容统筹论述。

具体详见"模块 3.5　用地用海征收补偿（安置）方案"。

6. 数字化方案

投资项目数字化建设有利于实现投资建设全过程的透明化、可视化，优化资源配置，促进项目全生命周期降本增效；有利于加快投资建设相关行业转型升级，推动产业数字化和数字产业化发展；有利于转变政府管理方式，进一步提升政府治理效能。可行性研究阶段，具备条件的项目应结合实际情况研究提出推进项目设计、施工、运维数字化应用和交付的方案。数字化方案包括但不限于以下内容：

（1）项目数字化应用方案

推进有条件的工程项目在设计、建设实施、运营维护等全过程中的一个或多个环节应用数字化技术，研究提出拟建项目全过程数字化管理方案，主要包括依据、目标、范围和内容、系统构成、功能配置、关键技术及其实现路径等内容，以推动实现投资项目数字化应用。

（2）数字化交付方案

研究提出拟建项目数字化工程的交付要求、交付标准、交付内容、交付形式等内容。

具体详见"模块 3.6　数字化方案"。

7. 建设管理方案

（1）项目建设管理模式

借鉴国内外类似项目建设管理经验，结合项目规模、复杂程度和项目法人技术水平及管理能力，研究提出项目建设管理模式、建设组织模式以及相应的机构设置要求。

（2）项目施工组织设计

水利水电、铁路等重大工程项目，根据拟建项目工程方案和施工条件，确定主体工程施工方法、施工工艺、主要材料供应方式，以及新材料、新设备、新技术、新工艺的应用等；分析施工特性，明确施工工序、主要施工机械，提出施工总布置方案和主要工程量构成。

（3）项目进度管理方案

研究提出合理可行的项目建设工期，编制项目的实施进度计划，明确关键路径及建设过程中各阶段的工作进度和工期。

对于大型且复杂、投资巨大的项目，应根据项目总工期和分期建设计划，列出主要单项工程（主体工程和辅助工程）的建设起止时间及时序。

（4）项目招标方案

提出拟建项目的招标目的、招标原则，以及全过程咨询、工程总承包、勘察、设计、施工、运营、监理以及与工程建设有关的重要设备、主要材料等采购活动的招标范围、招标组织方式、招标方式等内容。

（5）项目质量、安全管理方案

研究提出拟建项目质量、安全管理的总体目标和要求、分项目标和要求，以及各参与单位质量、安全管理目标和要求。

具体详见"模块 3.7　建设管理方案"。

（五）项目运营方案

1. 生产经营方案

（1）产品生产类企业投资项目

1）拟建项目生产计划方案。明确拟建项目全生命周期内各年度所生产的产品品种、产品数量和生产能力的利用程度等方面的生产计划。

2）产品质量安全保障方案。提出拟建项目的产品质量标准及质量安全保障措施。

3）原材料供应保障方案。研究提出拟建项目主要原材料的品种、规格、成分、质量、数量、价格、来源、供应方式和运输方式等内容。对于稀缺原料，应分析其市场来源安全性、可靠性、市场价格以及运输安全便捷性与经济合理性。涉及进口的关键原材料、器件或设备，应说明进口的理由，并充分考虑跨境贸易及产业供应链风险。

4）燃料动力供应保障方案。研究提出拟建项目生产工艺用燃料动力、公用和辅助设施用燃料动力、其他设施用燃料动力的品种、质量、数量、价格、来源、供应方式和运输方式等内容。对于需要特殊运输方式和特殊保护措施的辅助材料供应方案，须作重点说明。

5）设施设备维护维修和更新改造方案。明确日常生产维护的范围和技术标准、维护记录和报告制度、大中修方案，以及更新改造方案等事项。

6）生产经营有效性与可持续性。根据上述生产经营安排及保障方案，结合市场需求分析，评价拟建项目生产经营的有效性和可持续性。

具体详见"模块4.3　产品生产方案"。

（2）运营服务类企业投资项目

1）运营服务内容。根据行业和项目单位要求、工程建设内容、项目产出等事项，综合确定拟建项目运营服务内容。

2）运营服务标准。根据运营服务内容，从维护公共利益、提高运营服务效率、节约运营成本等角度，提出拟建项目应采用的运营服务标准和规范。

3）运营服务供给计划。提出拟建项目全生命周期内各年度所提供的运营服务内容、服务数量、服务能力的利用程度等方面的运营计划，明确项目所提供服务的计量方法、计量标准、计量程序，并按项目特点，有选择地编写原材料供应保障方案、燃料动力供应保障方案。

4）运营服务流程。根据具体的运营服务内容和标准，对拟建项目运营服务的主要流程及关键环节提出具体要求。

5）设施设备维护维修和更新改造方案。明确日常运营维护的范围和技术标准、维护记录和报告制度、大中修方案，以及更新改造方案等事项。

具体详见"模块4.4　运营服务方案"。

2. 安全保障方案

（1）设置安全及卫生保障机构

提出安全生产及卫生健康的责任主体、机构设置及相应管理人员配置要求。

（2）建立安全及卫生管理体系

明确各级安全生产管理责任，提出建设安全卫生管理体系的具体要求。

（3）安全及卫生健康措施方案

根据项目行业特征，分析拟建项目运营管理中存在的危险因素及其危害程度，提出相应的安全生产及卫生健康措施方案。

涉及物联网、信息技术和人工智能等领域的项目，应针对数据泄露、数据篡改、数据滥用、违规传输、非法访问、流量异常等网络信息及数据安全问题，提出切实可行的应对机制和防范措施。

涉及供应链安全的项目，应分析论证供应链系统中可能存在的"断供"风险，提出相应的风险防控措施和强链固链方案。

（4）安全应急管理预案

提出生产安全事故与紧急卫生防疫的应急管理预案，主要包括应急组织机构及职责、应急响应、处置措施、应急保障和应急演练要求等内容。

具体详见"模块 4.5　安全保障方案"。

3. 运营管理方案

（1）运营管理模式选择

1）运营管理模式。在综合考虑项目性质、规模、风险及投资者自身能力等因素的基础上，研究提出拟建项目运营管理模式，并说明主要理由。

2）运营管理责任。根据项目的性质、特点和生产经营需要，确定项目运营主体的职责及相关要求。

3）运营管理能力。委托第三方运营管理的，应提出对第三方的运营管理能力要求。

具体详见"模块 4.1　运营管理模式"。

（2）运营机构设置方案

根据拟建项目特点和生产运营安排，提出项目运营组织机构的法人治理结构、项目管理层级、组织架构和部门设置方案。拟定各部门管理职责与管理边界，合理设置相关岗位，提出各类人员的数量和岗位要求。

具体详见"模块 4.2　运营组织方案"。

（3）绩效管理方案

1）绩效评价指标。根据项目建设目标任务，研究提出拟建项目全生命周期关键绩效指标，包括项目投入产出效率、直接效果、外部影响和可持续性等方面。

2）绩效管理机制。研究提出绩效管理机制，主要包括绩效管理机构设置及人员配置、绩效计划制定、绩效考核评价及反馈、绩效激励及考核结果应用等。

具体详见"模块4.6　绩效管理方案"。

（六）项目投融资与财务方案

1. 投资估算

（1）投资估算依据

提出拟建项目在总投资费用构成、估算指标、计算方法、估算精度要求等方面的依据。

（2）投资估算范围

提出拟建项目投资估算的范围，应与建设方案所涉及的范围、所确定的各项工程内容相一致。

（3）投资估算说明

1）建设投资估算。按照项目单项工程估算其所需的建筑工程费、设备购置费、安装工程费，按照整体项目估算工程建设其他费用和工程预备费用并汇总。

2）建设期融资费用估算。根据项目融资方案，说明建设期融资费用。

3）流动资金估算。根据对项目运营的预测，估算流动资金。

4）总投资估算。按照投资估算的内容和估算方法要求，汇总得到项目总投资。

（4）分年度投资计划

根据项目实施进度安排，研究提出分年度投资计划，并按照税法有关要求对投资所涉及的增值税进项税进行分列。

具体详见"模块5.1　投资估算""模块5.4　融资方案"。

2. 收入和成本方案

（1）财务收入预测

分析项目各年度的财务收入，主要包括营业收入和补贴收入等。

营业收入估算的关键是确定产品或服务的数量和价格。多种产品或服务的项目，应分别预测各种产品或服务的营业收入。对不便于按详细的品种分类计算营业收入的项目，也可采取折算为标准产品或打包成产品组合的方法计算营业收入。在营业收入估算的同时，还应依据项目实际缴纳税种情况，对项目税金及附加进行估算。

补贴收入包括先征后返的增值税、按销量或工作量等依据有关补助标准计算并按期给予的政府补贴，以及属于财政扶持而给予的其他形式的补贴等。补贴收入应根据财政、税务部门有关规定，分别计入或不计入应税收入。

（2）成本费用预测

估算总成本费用和经营成本。项目总成本费用一般由外购原材料费用、外购燃料动力费用、人员费用、维护修理费用、其他管理费用、其他营业费用、折旧摊销、财务费用等构成。总成本费用中扣除折旧摊销、财务费用后构成项目的经营成本。

具体详见"模块 5.2　收入和成本"。

3. 融资前盈利能力分析

融资前盈利能力分析不考虑融资因素，在假定项目全部投资均为权益资金的条件下，考察项目在计算期内的现金流入和流出情况，计算项目财务内部收益率和净现值等相关评价指标，通过项目本身的盈利能力分析来判断项目的投资价值及获取潜在融资的可能性。

具体详见"模块 5.3　盈利能力分析"。

4. 融资方案

（1）融资方案比选

在初步确定项目的资金筹措方式和资金来源后，应进一步对融资方案进行分析，比选并推荐资金来源可靠、资金结构合理、资金成本较低、融资风险较小的方案。

1）依法合规性分析。项目融资方案要符合国家和项目所在地关于政府债务、项目规范融资、项目资本金比例等相关法律法规要求。

2）资金到位情况分析。应对资金到位的时间、资金金额、资金提供人的资信等进行分析，以保证资金来源和资金到位的可靠性。

3）资金来源匹配性分析。主要包括资本金与债务资金的比例、股本结构和债务结构比例等。应针对不同的资金来源方式进行配比分析，以明确各类资金来源的配比情况。

4）资金成本分析。分析计算不同融资方案中的权益资金成本、债务资金成本和加权平均资金成本。

（2）推荐融资方案

1）资金来源和结构。说明项目权益资金和债务资金的形式、各种资金占比、资金来源以及资本金结构、债务资金结构等。拟申请政府投资补助或贴息的项目，根据相关要求提出拟申报投资补助或贴息的资金数额及可行性。

2）资金成本。说明权益资金成本、债务资金成本和加权平均资金成本。

（3）项目资金筹措计划方案

在分年投资计划和融资方案的基础上，制定项目资金筹措和使用计划，并计算建设期融资费用。

具体详见"模块5.4 融资方案"。

5.融资后盈利能力分析

（1）现金流量分析

在考虑融资因素的情况下，研究项目计算期内的现金流入和流出情况，计算项目财务内部收益率和净现值等相关评价指标，分析判断考虑融资方案情况下的项目获利能力，以及参与各方的投资效益，体现项目实施能够带给利益相关方的实际收益。

（2）利润和利润分配分析

通过分析项目利润形成和分配情况，计算资本金净利润率和总投资收益率等静态分析指标，判断项目获利能力。

具体详见"模块 5.3 盈利能力分析"。

6. 债务清偿能力分析

（1）偿债能力评价

对于使用债务资金的投资项目，应按照债务资金的金额、期限和偿还方式等条件，计算利息备付率、偿债备付率等指标，评价拟建项目的偿债能力。

（2）资产负债分析

开展项目资产负债分析，计算资产负债率等指标，并结合国家宏观经济状况、行业发展趋势、企业所处竞争环境等具体条件，综合判定拟建项目资金结构的合理性，以及企业筹资能力和经营安全稳健性。

具体详见"模块 5.5 债务清偿能力分析"。

7. 财务可持续性分析

（1）现金流量分析

通过考察项目计算期内的投资、融资和经营活动所产生的各项现金流入和流出，计算净现金流量和累计盈余资金，分析项目是否有足够的净现金流量维持正常运营。

（2）现金流接续分析

对于累计盈余资金出现负值的项目，应研究提出现金流接续方案。

1）对于经营性项目，应研究提出短期借款方案，同时分析短期借款的时间、数额及可靠性，并进一步判断拟建项目的财务可持续性。

2）对于运营短期内收入不足以补偿经营成本的准经营性项目，需要推算相关年份所需的资金补贴数额，分析政府在有限时间内提供政府补贴的可行性，提出相关方的支持方案。

（3）财政可负担性分析。对于使用地方政府资金的项目，应识别、测算项目的各项财政支出责任，客观评价项目实施对当前及今后年度地方财政支出的影响，为项目财政管理提供依据，防范当地政府隐性债务风险。

具体详见"模块 5.6 财务可持续性分析"。

8. 不确定性分析

根据拟建项目的具体情况，有选择地进行盈亏平衡分析、敏感性分析。

盈亏平衡分析是通过计算项目达产年的盈亏平衡点，分析项目成本与收入的平衡关系，考察项目对市场及产品或服务交付的适应能力和抗风险能力。

敏感性分析是通过分析、预测项目主要不确定因素的变化对项目财务评价指标的影响，从中找出敏感因素，确定财务评价指标对该因素的敏感程度和项目对其变化的承受能力。

具体详见"模块 5.3　盈利能力分析"。

9. 财务评价结论

综合考虑项目财务盈利能力、债务清偿能力和财务可持续性的分析结果，判断项目的财务可接受性，明确项目对财务主体及投资者的价值贡献。

（七）项目影响效果分析

1. 经济影响分析

（1）经济费用效益分析和费用效果分析。当项目经济费用和效益能够货币化计算，或其中主要部分易于货币化计算时，应采用经济费用效益分析方法。当项目效益难于或不能货币化计算，或货币化计算的效果不是项目目标的主体时，应采用费用效果分析方法。

（2）对于重大投资项目，还应对宏观经济、产业经济和区域经济影响进行分析论证，综合判断拟建项目的经济合理性。

具体详见"模块 6.1　经济影响分析"。

2. 社会影响分析

（1）社会现状调查

说明社会调查的范围、内容、方式、方法，以及调查具体情况和调查结论。

（2）社会影响因素的识别

在社会现状调查的基础上，识别拟建项目现实的和潜在的社会影响，筛查确定项目可能产生的显著社会影响，明确社会影响评价的时间和空间范围。

（3）利益相关者分析

对项目影响的各类利益群体及其受到的影响、其对项目的影响作出分析判断。

（4）社会影响分析

从员工、社区、社会等层面分析预测拟建项目可能产生的正面影响和负面影响，并对社会影响效果作出评价。

（5）社会管理措施

提出利益增加措施、减缓项目负面社会影响措施，以及利益相关者参与计划等社会管理内容。

具体详见"模块 6.2　社会影响分析"。

3. 生态环境影响分析

（1）评价依据和评价标准

提出拟建项目生态环境影响分析的主要评价依据和评价标准。

（2）评价范围和保护目标

结合生态环境现状调查与评价结论，研究提出拟建项目的生态环境评价范围以及评价范围内的生态环境保护目标。

（3）区域环境质量现状和生态环境现状

根据区域环境特征、项目特点，在拟建项目生态环境影响评价范围内，对其自然环境、生态环境以及环境敏感区分布状况等方面选择相应内容进行现状调查，提出与拟建项目相关的原有环境污染和生态破坏问题，并对环境质量作出评价。

（4）生态环境影响分析

分析、预测和评价拟建项目施工期、运营期在污染物排放、地质灾害防治、防洪减灾、水土流失、土地复垦、生态保护、生物多样性和环境敏感区等方面对生态环境可能造成的影响。

（5）生态环境保护措施

研究提出拟建项目在施工期、运营期拟采用的生态环境影响减缓、生态保护与恢复以及污染物减排等措施，评价拟建项目能否满足有关生态环境保护政策要求。

（6）生态环境管理与监测计划

针对拟建项目施工期、运营期等不同阶段，研究提出环境监理、环境监测计划等环境管理要求。

具体详见"模块 6.3　生态环境影响分析"。

4. 资源和能源利用效果分析

（1）资源利用效果评价

1）资源综合利用方案。分析拟建项目的矿产资源、森林资源、水资源、再生资源、废物和污水资源化利用等情况，评价资源利用效率的水平和先进程度。

2）资源节约措施。研究提出拟建项目在提高资源利用效率、降低资源消耗、实现资源再利用与再循环等方面的措施，计算采取措施后的资源消耗总量及强度，判断是否符合国家、行业和项目所在地区关于资源节约和有效利用的相关要求。

（2）节能评价

1）节能评价依据。提出拟建项目节能评价的主要依据。

2）拟建项目用能方案。确定拟建项目能源使用方案，主要包括能源消耗种类、数量及能源使用分布情况（包括原有及新增）。

3）节能措施及效果分析。研究提出节能措施，鼓励采用可再生能源，并计算采用节能措施后项目全口径能源年总消耗量、可再生能源占比，通过国内国际对比分析，判断能耗指标是否达到同行业国内外先进水平。

4）能源消费影响分析。分析判断拟建项目新增能源消费对当地能源消费总量和能源消耗强度目标的影响。

具体详见"模块 6.4　资源和能源利用效果分析"。

5. 碳达峰碳中和分析

（1）分析依据

提出拟建项目碳排放影响分析的主要依据。

（2）碳排放核算

确定拟建项目碳排放的分析边界，分别计算项目建设期碳排放量、项目运营期碳排放量，并进行重点产品碳排放分析。

（3）项目碳减排措施及效果分析

提出拟采取减少碳排放的措施和计划，明确落实节能降碳的路径与方式，依据国家和省级公开发布的碳排放指标标准，评价拟建项目碳排放水平。

（4）对所在地区碳达峰碳中和目标实现的影响

分析项目建设后对所在地区碳排放强度考核目标可达性的影响程度，判断项目建设后对区域碳达峰碳中和目标实现时间和峰值的影响。

具体详见"模块 6.5 碳排放影响分析"。

（八）项目风险管控方案

1. 风险识别与评价

（1）风险调查及风险识别

识别拟建项目在市场需求、产业链供应链、关键技术和设备、工程建设、运营管理、投融资、财务效益、生态环境、社会影响、网络与数据安全等方面需要关注的主要风险点。

在前述章节已完成相应领域风险调查和风险识别内容的，可直接引用相关论证结果。

（2）风险评价

对识别的项目风险发生的可能性、发生后果的严重程度等进行分析，结合项目单位风险偏好、承受能力等，判断风险等级，确定项目面临的主要风险。

具体详见"模块 7.1 风险识别与评价"。

2. 风险管控方案

（1）项目风险防范和化解措施

结合项目特点和风险评价结论，分类研究提出风险防范和化解措施，包括风险回避、风险控制、风险转移和风险自担，并明确风险化解的目标、风险控制的节点和时间等。

（2）风险信息监测和预警

对项目单位选择风险控制的主要风险提出动态管理方案，设置相应的信息监测、预警指标等。

对于重大项目，应当对社会稳定风险进行调查分析，查找并列出风险点、风险发生的可能性及影响程度，提出防范和化解风险的方案措施以及采取相关措施后的社会稳定风险等级建议。对可能引发"邻避"问题的项目，应提出综合管控方案，保证影响社会稳定的风险在采取措施后处于低风险且可控状态。

具体详见"模块 7.2　主要风险管控方案""模块 7.4　重大项目社会稳定风险评估"。

3. 风险应急预案

结合项目单位组织管理体系、项目类型、建设（生产）规模和可能发生的事故特点，研究制定重大风险应急预案，明确应急处置及应急演练要求等。

（1）机构设置

研究提出应急组织形式及应急处置职责，主要包括组织架构、部门设置、成员构成以及职权和义务等事项。

（2）预警机制

研究提出监测、预警和信息报告等相关内容和要求。

（3）应急响应

研究提出响应分级、响应程序、应急措施等相关内容和要求。

（4）后期处置

研究提出污染物处理、建设（运营）秩序恢复、医疗救治、人员安置、善后赔偿等后期处置内容和要求。

（5）应急保障

研究提出通信与信息保障、应急队伍保障、经费保障、物资装备保障和其他保障的相关措施。

（6）预案管理

研究提出应急预案的评估、修订以及培训、演练等事项的具体要求。需要备案的应急预案，还应明确报备部门、备案方式和审核要求。

具体详见"模块 7.3 重大风险应急预案"。

（九）研究结论及建议

1. 主要研究结论

从建设必要性、要素保障性、工程可行性、运营有效性、财务合理性、影响可持续性、风险可控性等维度分别简述项目可行性研究结论，重点归纳总结拟推荐方案的项目市场需求、建设内容和规模、运营方案、投融资和财务效益，并评价项目各方面的效果和风险，提出项目是否可行的研究结论。

2. 问题与建议

针对项目需要重点关注和进一步研究解决的问题，提出相关建议。

（1）需要进一步研究解决的问题。

（2）相关建议。

（十）附表、附图和附件

根据项目实际情况和相关规范要求，研究确定并附可行性研究报告必要的附表、附图和附件等。

第三部分

研究模块

一、项目需求方案

需求是投资项目建设的起因，决定项目建设的必要性。需求方案研究应将宏观需求、中观需求和微观需求相结合，研究项目建设背景、规划政策的符合性、项目建设必要性、建设目标和任务、建设内容和规模、产出方案和商业模式，评价项目需求的可靠性和产出方案的合理性。

模块 1.1　项目建设背景

1.1.1　研究目的

（1）简述项目提出背景、前期工作进展等情况，以便于项目决策机构掌握项目来源、工作基础、推进进度和需要解决的重要问题等。

（2）简述项目行政审批（服务）手续办理情况，便于项目决策机构掌握可行性研究阶段的各类行政审批（服务）前置条件的完成情况和后置条件的开展情况。

1.1.2　研究内容

（1）简述项目提出的缘由，根据相关宏观战略、区域规划、产业政策、市场（社会）需求等内容，以及政府重大决议、企业发展战略、政府投资项目单位履职尽责、国有控股企业及其上级控股单位主责主业等要求，分析论证项目建设的主要依据和理由。

（2）简述项目前期工作进展和行政审批（服务）手续办理情况，包括规划选址意见书和用地预审、政府投资项目节能审查、重大项目社会稳定风险评估审核等行政审批（服务）手续办理情况，以及环境影响评价、移民安置规划等专题研究和评价；政府投资项目建议书的主要结论；其他前期工作进展情况。特许经营项目还需说明相关实施流程进展情况。

1.1.3　研究方法

常用研究方法包括但不限于简单枚举法、宏观环境分析法（PEST）、文献综述法等。

1.1.4　应用说明

（1）项目建设背景研究应结合项目类型、性质和特点确定具体内容。

（2）政府投资项目侧重于从服务国家重大战略，衔接区域发展规划，符合产业政策，执行政府重大会议及决议、重要领导批示意见，满足社会需求，项目单位履职尽责等角度进行分析，阐述项目建设背景。

（3）企业投资项目侧重于从衔接区域发展规划，助力国家重大战略，符合产业政策，满足市场需求，支撑企业战略，执行企业股东会、董事会决议等角度进行分析，简述项目建设背景。

（4）项目建设行政审批（服务）手续包括但不限于项目用地预审与选址意见书、节能审查、社会稳定风险评估审核、环境影响评价审批、建设项目压覆重要矿产资源审批、移民安置规划审核、水土保持方案审批、取水许可审批、洪水影响评价审批、建设工程文物保护和考古许可等事项。下述列举部分行政审批（服务）事项的适用情形，拟建项目需依据相关法律法规，并结合项目类型、行业特点和建设地点，以及相关审批部门要求办理相关行政审批（服务）手续。

1）建设项目用地预审：在建设项目审批、核准、备案阶段，国土资源主管部门依法对建设项目涉及的土地利用事项进行审查，提出用地预审意见。需审批的建设项目在可行性研究阶段，由建设用地单位提出预审申请；需核准的建设项目在项目申请书核准前，由建设单位提出用地预审申请；需备案的建设项目在办理备案手续后，由建设单位提出用地预审申请。不涉及新增建设用地，在土地利用总体规划确定的城镇建设用地范围内使用已批准建设用地的建设项目，可不进行建设项目用地预审。

2）选址意见书：按照国家规定需要有关部门批准或核准的建设项目，以划拨方式提供国有土地使用权的，需办理选址意见书。

3）节能审查：年综合能源消费量超过一定标准的固定资产投资项目，需要单独编制节能报告，并取得相关节能审查机关出具的节能审查意见。其中，政府投资项目的建设单位在报送可行性研究报告之前，需取得节能审查意见；企业投资项目在开工建设前需取得节能审查意见。

4）社会稳定风险评估审核：重大固定资产投资项目需要单独编制社会稳定风险评估报告，在报送项目可行性研究报告、项目申请书之前，需要提出对该项目社会稳定风险评估报告的审核意见。

5）建设项目环境影响评价审批：根据建设项目特征和所在区域的环境敏感程度，综合考虑建设项目可能对环境产生的影响，按生态环境部门制定的《建设项目环境影响评价分类管理名录》有关规定，分别编制环境影响报告书、环境影响报告表或填报环境影响登记表。

（5）可行性研究是对投资项目全面系统的论证，原则上应在集成各个专题研究成果的基础上进行综合判断。除了法定的投资项目可行性研究报告批复的前置性条件，相关专题研究的批复时序和条件需要遵照投融资体制改革和项目审批制度改革等要求执行，相关专题研究成果需要纳入可行性研究报告。

模块 1.2 规划政策符合性

1.2.1 研究目的

分析、研究、解读相关规划、政策，论述拟建项目与规划政策的衔接性、符合性和适宜性。

1.2.2 研究内容

1. 项目与重大战略规划的衔接性

（1）国家发展战略符合性。对于重大投资项目，应研究提出项目建设的宏观战略背景。投资项目可行性研究应立足新发展阶段，完整、准确、全面贯彻新发展理念，按照高质量发展要求，从宏观战略符合性角度，阐述项目与国家战略的重大布局，以及扩大内需、共同富裕、乡村振兴、科技创新、节能减排、碳达峰碳中和、国家安全和应急管理、基本公共服务保障等国家战略目标的符合性。

（2）相关重大规划符合性。项目投资建设是落实经济社会发展规划、区域规划、国土空间规划及各类专项规划的重要载体，其建设目标任务及建设内容必须与相关规划相衔接。可行性研究应着重分析、研究和解读相关重大规划，明确发展规划对拟建项目所属领域提出的战略任务、区域规划和专项规划对拟建项目的要求安排、空间规划对拟建项目空间布局、开发强度、主要控制线等管控条件，分析项目在经济社会发展总体布局中的地位与作用，充分体现相关规划在项目投资决策中的宏观战略引导作用。

2. 项目与相关产业政策的符合性

对于产业投资项目，应研究投资项目与产业技术、产业结构、产业布局、产业组织和产业金融等相关产业政策的符合性，判断拟建项目是否属于鼓励类、限制类或禁止类产业领域，分析拟建项目是否符合行业准入要求。

1.2.3 研究方法

常用研究方法包括但不限于文献综述法、宏观环境分析法（PEST）、态势分析法（SWOT）、区位分析法、逻辑框架法、产业竞争力分析法、专家战略判断（如德尔菲法）等方法。

1.2.4 应用说明

（1）所有类型项目均应开展规划政策符合性研究。通过拟建项目与宏观战略、各类规划、产业政策、行业准入标准和技术标准体系等规划政策的符合性论证，发挥政府在项目投资决策中的引导作用，为各类投资项目提供规划政策依据。

（2）政府投资项目应重点从实现区域基本公共服务均等化、基础设施通达程度均衡化等角度，阐述拟建项目与社会公益服务、公共基础设施、农业农村、生态环境保护、重大科技进步、社会管理、国家安全等公共领域规划政策的符合性。政府资本金注入项目还应论述与相关产业政策的符合性。

（3）企业投资项目应重点从产业政策符合性、产业发展基础等角度，阐述拟建项目与当地产业发展的符合性，论证区域产业集群发展现状和比较优势，以及自主创新能力与核心技术水平。对关系国家安全，涉及全国重大生产力布局、战略性资源开发和重大公共利益等项目，还应论述项目与相关战略和规划政策的符合性。

（4）拟建项目需要结合自身行业特点，在国土空间规划衔接性分析的基础上，进一步论述项目与特定行业专项规划的符合性。例如，水利水电项目可行性研究还应分析拟建项目是否符合经批复的流域综合规划、流域专项规划、水安全保障规划等；交通项目可行性研究还应分析拟建项目是否符合经批复的交通路网规划和所经城市发展规划；能源项目可行性研究还应分析拟建项目是否符合经批复的国家或所在地区能源发展规划。

（5）拟建项目涉及外商投资的，需要分析项目与我国外商投资法、外商投资促进政策以及国家对外商投资实行准入前国民待遇加负面清单等政策的符合性。

模块 1.3   项目需求分析

1.3.1   研究目的

调查项目所涉产品或服务供需现状，分析产品或服务的可接受性或需求潜力，预测任务目标年份的需求量，评价项目产出需求的可靠性。

1.3.2   研究内容

结合项目单位自身情况和行业发展前景，分析拟建项目目标产品或服务所在行业的业态、目标市场环境和容量、产业链供应链、产品或服务价格，评价市场饱和程度、项目产品或服务的竞争力，预测产品或服务的市场拥有量，提出市场营销策略等建议。

1. 现状调查

考察分析相关政治法律环境、经济环境、科技环境和社会环境等因素，调查并论述项目所涉产品或服务的现状，主要包括：

（1）需求调查：具体包括产品或服务消费者需求量调查、消费者收入调查、消费结构调查、消费者行为调查等。

（2）供给调查：具体包括产品生产能力调查、服务供给能力调查、产品或服务实体情况调查等。

（3）行情调查：具体包括产品市场空间以及库存状况、市场竞争程度、竞争企业的调查和分析、市场价格水平的现状和发展趋势等。

（4）销售调查：具体包括销售渠道、销售过程和销售趋势调查等。

（5）产业链供应链调查：具体包括上下游企业调查、产业链供应链稳定性和竞争性调查等。

（6）对于政府投资项目，还应调查政府支持和保障能力。

2. 需求预测

市场需求主要指目标市场容量，其预测是市场需求分析的核心内容。在对目标市场的人口数量、消费者需求、年龄结构、地区发展情况等调查和预测的基础上，根据目标产品或服务的消费特点，预测设计水平年的需求量、供给量和目标市场容量。目标市场容量与竞争性决定了产品或服务的市场拥有量和市场占有率的预测结果。

3. 价格预测

价格预测是制定营销策略和影响竞争力的主要因素，在市场分析中占有重要地位。市场价格预测应考虑影响价格变动的各种因素，根据项目具体情况，对影响价格形成与变化的各种因素进行分析，科学确定项目产出品的销售价格和投入品的采购价格。

实行市场调节价的产品或服务定价需符合市场配置资源的相关要求，实行政府指导价或者政府定价的产品或服务价格需按照相关规定执行。涉及运营期间价格调整的项目，提出价格动态调整机制，包括价格调整周期或调价触发机制、调价方法、调价程序及各方权利义务等。

4. 行业竞争力分析

根据项目目标产品或服务所属行业特性，按照完全竞争市场、垄断竞争市场、寡头垄断市场、完全垄断市场等市场竞争结构的特点，从市场集中程度、进入和退出障碍、产品或服务差异和信息完全程度等方面，采用波特五因素模型等方法，分析项目产品在行业的竞争力，评价行业吸引能力。

5. 产品竞争力分析

从项目区位、资源占有、工艺技术和装备、产品质量性能、服务质量特性、规模效益、新产品开发能力、价格、品牌商誉、人才资源等方面的优势和劣势等，分析项目产品或服务的竞争力。

6. 市场营销策略分析

根据项目性质及行业特点，分析项目法人在拟建项目的产品或服务市场领域是市场领先者、挑战者、追随者还是补缺者，评价市场营销战略定位是否合理，市场目标能否实现。

对市场竞争比较激烈的项目产品或服务，应进行营销策略研究，研究项目产品或服务进入市场和扩大销售份额在营销方面应采取的策略。营销策略分析一般应包括销售方式、销售渠道、销售网点、价格定位、宣传手段、结算方式、售后服务等。

1.3.3 研究方法

（1）需求现状调查可采用调查问卷、个人访谈、专题座谈、实地观察、网络调查、大数据采集和文献法等方法。

（2）需求预测方法主要包括专家意见法等定性研究方法，以及简单移动平均法、简单指数平滑法、霍特双参数线性指数平滑法、三次指数平滑法（二次曲线指数平滑）、时间序列分解法、回归分析法、趋势类推法、弹性系数法、投入产出法、弹性系数法、数学模型法等定量分析方法。

1.3.4 应用说明

（1）对于提供公共产品或服务的基础设施、重大科技进步、社会管理、国家安全等项目，主要由政府投资建设，需求分析应研究项目服务范围、受益群体、财政支付能力等内容。

（2）对于项目规模较大，市场竞争激烈的产品、新兴产品及市场具有不确定性的产品，应开展市场分析专题研究，针对特定市场或产品进行营销策略分析。对于规模较小且市场较为确定的项目，重点分析区域市场或目标市场，研究其竞争优势和竞争力。对于项目产品增量不大，对原有市场影响较小的技术改造和改扩建项目，项目需求分析内容可以适当简化。

模块 1.4　企业战略匹配性

1.4.1　研究目的

对于企业投资项目，可行性研究应论证企业发展战略对拟建项目的需求程度，以及拟建项目对促进企业发展战略实现的重要性和紧迫性。

1.4.2　研究内容

1. 拟建项目与企业战略的符合性分析

可行性研究应从企业战略需求角度，分析、研究、解读企业战略和企业总体发展规划，论述拟建项目与企业战略方向、战略态势和战略类型等的一致性和匹配性，分析投资的规模、结构和时机选择。

2. 拟建项目对促进企业战略实现的重要性和紧迫性

可行性研究应分析企业内外部环境、面临的机会与挑战，研究企业资源基础条件、核心竞争力等现状情况，论证项目实施对企业合理配置资源、提高企业竞争力以及实现企业战略目标的作用和影响。

1.4.3　研究方法

常用研究方法包括但不限于 SWOT 分析法、内部因素评价法、外部要素评价法、竞争态势评价法、企业对标分析法、企业竞争力分析法、企业价值链分析法、产品生命周期分析法、基于漏斗模式的投资方向决策分析法等。

1.4.4　应用说明

（1）对于关系企业长远发展的重大项目，应进行企业发展战略需求分析。

（2）企业发展战略研究包括战略方向、战略态势和战略类型等内容，企业的战略方向是对产品和市场的综合选择，战略态势取决于产品性能和价格的协调选择，战略类型是投资策略及项目投资政策的制定，在可行性研究中应根据决策目标的需要，合理确定企业战略需求分析的内容和深度。

模块 1.5　项目建设必要性

1.5.1　研究目的

项目需求是项目建设必要性的直接依据，通过归纳总结宏观、中观和微观层面的需求，确定项目建设必要性和建设时机的适当性。

1.5.2　研究内容

可行性研究应以问题和需求为导向，结合项目所属行业、类型和特点，从重大战略和规划、产业政策、经济社会发展、市场需求、项目单位履职尽责、企业发展战略等层面归纳总结项目建设必要性和建设时机的适当性。

（1）政府投资项目主要从重大战略符合性、区域规划衔接性、需求满足性及项目单位履职尽责等角度综合研究项目建设必要性，并从相关规划目标落实、解决供需矛盾、项目单位履职尽责要求等方面论证项目建设时机的适当性。政府资本金注入项目还要从产业政策层面论述项目建设必要性。

（2）企业投资项目主要从重大战略符合性、区域规划衔接性、产业政策符合性和项目市场需求、企业发展战略等角度综合研究确定项目建设必要性，并从相关规划目标落实、促进产业发展升级、解决市场供需矛盾、满足企业发展战略需要等方面论证项目建设时机的适当性。

1.5.3　研究方法

常用研究方法包括但不限于 SWOT 分析法、逻辑框架法、投入产出法、产业竞争力分析法、因果分析法、系统分析法、类比法等。

1.5.4　应用说明

（1）对于重大投资项目，应主要从宏观和中观层面论证项目建设必要性；对于一般投资项目，主要从中观和微观层面论证项目建设必要性。

（2）政府投资项目应分析项目单位履职尽责对实施拟建项目的要求；根据项目功能定位、任务与目标、建设标准等，并结合供需分析，研究项目建设对支撑项目单位履职尽责的作用。

（3）国有企业投资项目应结合企业自身及其上级控股单位的主责主业，分析论证项目建设必要性。

模块 1.6 建设目标和任务

1.6.1 研究目的

在现状调查和需求分析的基础上，研究提出拟建项目功能定位、总体目标任务、近期和远期建设目标。

1.6.2 研究内容

（1）拟建项目功能定位。统筹考虑重大规划和重大政策中与拟建项目相关的发展方向要求、约束性指标，以及需求分析预测结论，提出拟建项目功能定位。

（2）拟建项目目标任务。根据需求分析结论，并统筹考虑要素保障、资金保障、规模经济等因素，经多方案比选确定拟建项目目标任务。对于多目标综合开发建设的项目，要按照国家政策和总体效益优化原则，结合项目建设条件和主次功能定位，论证项目目标任务及其主次顺序。对于涉及分期建设的项目，应说明项目近期和远期目标任务，阐述项目每期建成后应发挥的作用、解决的问题和满足需求的程度。

1.6.3 研究方法

常用研究方法包括但不限于系统分析法、比较研究法、逻辑框架法、SWOT分析法、宏观环境分析法等。

1.6.4 应用说明

对于涉及多项功能任务的重大政府投资项目，应统筹协调各方需求，从国家宏观战略和行业发展的视角对各项功能任务进行排序。

模块 1.7 建设内容和规模

1.7.1 研究目的

在需求分析的基础上，结合项目功能定位、目标与任务、要素保障、资金保障、规模经济等因素，论证拟建项目的总体布局、主要建设内容及规模，确定建设标准。

1.7.2 研究内容

根据项目需求研究成果，结合项目区的现状供给能力以及项目建设目标和任务等，确定拟建项目的总体布局、建设标准、建设内容和规模。

（1）项目总体布局。结合项目功能定位和建设目标任务等，论述拟建项目在空间和时间上的总体布局。对于大型、复杂及分期建设项目，应根据项目整体规划、资源利用条件及近远期需求预测，明确项目近远期建设内容、建设规模，并说明预留发展空间及其合理性、预留条件对远期规模的影响等。

（2）建设标准。结合相关规划政策要求和拟建项目功能定位，研究确定项目建设标准。

（3）建设内容和规模。应根据需求方案研究成果，拟定多个建设内容和规模方案，从社会、技术、经济、环境等方面进行多方案综合比选，确定项目建设内容及规模。如无相关建设标准，可对比分析国内外同类项目建设内容和规模后参照确定，或根据产品或服务生产运营需求分析确定。对于改扩建和技术改造项目，还应阐述现有设施利用方案，在充分有效利用现有设施的基础上，提出项目建设内容及规模。

1.7.3 研究方法

常用研究方法包括但不限于调查研究法、比较研究法、投入产出法、线性规划法（研究规模经济）、物资最优储量法、简单枚举法、类比法、数学模型计算法等。

1.7.4 应用说明

（1）所有类型项目均应研究项目建设内容及规模，为确定建设方案提供基础。

（2）项目建设内容、建设规模及分期规划建设任务安排，应在需求分析的基础上，综合考虑要素保障情况、资金到位情况、运营经济性等因素合理选定。

模块 1.8　项目产出方案

1.8.1　研究目的

选定拟建项目正常运营年份应达到的生产或服务能力，及其质量标准要求，并评价项目建设内容、规模以及产出的合理性。

1.8.2　研究内容

项目产出方案既是投资项目建设内容和规模方案研究的结论，也是运营方案的研究基础。可行性研究应在项目建设标准、建设内容及规模等方面研究的基础上，选定项目运营阶段的整体和分阶段产出方案，并评价其合理性。

1. 项目产出功能定位

研究提出项目产出需求定位，包括市场细分、目标客户群定位、产品或服务定位，结合项目特点，经技术经济综合比选，确定项目产出功能定位，包括功能类型、功能标准以及实现形式等。

项目产出功能定位是实现需求分析结论的产出定位。拟建项目产出的功能，既可以是单一功能，也可以是多项功能的组合；多项功能既可以是并列功能，也可以是主要功能和附属功能。

2. 项目产出方案

根据市场预测的需求量，并结合项目功能定位、目标任务，对产出方案进行多方案比选，确定拟建项目在正常生产运营年份达到的生产或服务能力，以及项目主导产品或服务、辅助产品或服务、副产品或服务及其生产能力和质量要求的组合方案。对于涉及分期建设的项目，应提出分期产出方案。

根据市场的长期发展趋势，拟定多个产出方案，经多方案综合比较后，选择能够确保项目在运营期内保持合理的盈利水平和持续发展能力的方案。应结合市场、社会需求过程等分析结果，提出项目运营阶段的分期产出方案。

对产品或服务方案比选后提出推荐方案，说明推荐方案的主要产品或服务名称、数量、性能参数、质量标准、价格、目标市场等。推荐产出方案可列表说明，如表 3-1 所示。

表 3-1 项目主要产品或服务方案表

序号	产品或服务名称	数量	技术参数	质量标准	单价	目标市场	备注
1							
2							
3							
...							

3. 评价项目建设内容、规模和产出方案的合理性

分析项目建设内容、规模和产出是否满足市场需求，评价项目建设内容和规模与产出规模的适配性。

1.8.3 研究方法

常用研究方法包括但不限于单位产品生产能力（或者使用效益）投资、投资效益（即投入产出比、劳动生产率等）、多产品项目资源综合利用及效益分析方法、综合评估法、产品结构分解法、生产能力平衡法、盈亏平衡产量分析法、平均成本法、资源环境承载力法等。

1.8.4 应用说明

（1）所有项目可行性研究都应明确产出方案。

（2）项目产品或服务方案的表述应符合拟建项目所属的行业规范或习惯。当项目生产多种产品或提供多种服务功能时，可以用主要产品的生产能力或服务能力表示拟建项目建设规模和产出方案；如果项目分期建设，应提出合理的分期产出方案，包括分期实现目标、分期建设规模和分期产品或服务方案等。

模块 1.9 项目商业模式

1.9.1 研究目的

通过商业模式研究，确定项目的主要收入来源、盈利能力和可融资性，激励企业创新项目开发模式，提升项目的商业可行性和金融机构等相关方的可接受性。

1.9.2 研究内容

1. 确定项目商业模式

企业应当依据自身发展战略、投融资能力、资产与负债的匹配，以及项目收入来源和结构、项目风险等因素，选择适宜的商业模式。

2. 分析商业可行性

根据企业发展战略和项目所在行业风险，分析项目成本结构，评价项目收益能否满足项目法人最低要求；研究投资者和金融机构参与的方式和条件，判断项目商业可行性和金融机构等相关方的可接受性。

3. 研究商业模式创新路径

结合项目所在地政府或相关方可以提供的条件（资金或税收支持、项目配套设施、经营性资源配套、要素保障、手续办理等），通过企业业务协同和资源共享，研究商业综合开发等模式创新路径，分析创新商业模式对项目投资回报水平的影响，实现企业整体利益最大化。

1.9.3 研究方法

常用研究方法包括但不限于系统分析方法、投入产出分析方法等。

1.9.4 应用说明

对于商业营利性不足的基础设施项目，可根据项目的区位优势、资源禀赋、产业属性、功能定位、市场化程度等因素，创新提出综合开发模式，例如公共交通导向的开发模式（TOD）、生态环境导向的开发模式（EOD）等，分析项目整体盈利能力。

二、项目选址与要素保障

项目选址与要素保障的研究，应体现坚持国土空间"唯一性"的原则要求，聚焦项目建设所必备的土地、资源、环境等约束性要素指标，落实土地、岸线、航道、水资源、能耗、碳排放强度和污染减排等要素保障条件，并从方案优化的视角进行指标分析，强调发挥市场机制在推进要素资源配置中的基础性作用，更好地发挥政府在土地供给和资源环境承载保障中的行政许可作用，为优化项目建设方案和确保项目落地提供依据。

模块 2.1　项目选址选线

2.1.1　研究目的

研究提出工程场址或线路的备选方案，对各备选方案进行综合论证比较，选择项目最佳或合理的场址或线路方案。

2.1.2　研究内容

项目选址、选线是确定项目建设场址、线路的过程，是建设方案深入研究的基础和前提。可行性研究阶段应在项目建议书或建设规划阶段已有选址工作的基础上，进一步开展基础资料搜集和工程场址实地调查、勘察，结合拟建项目的功能和条件，进一步开展选址、选线方案比选，精准匹配空间资源，择优选定工程场址、线路具体位置。

1. 提出工程场址、线路选择方案

以国土空间规划和用途管制规则为基本依据，综合考虑规划、技术、经济、社会、生态环境影响等条件，提出多个工程场址、线路比较方案。主要内容如下：

（1）与国土空间规划、土地利用年度计划等相关规划充分衔接，符合规划明确的用地功能、规模和建设控制指标要求，并有利于节约集约利用土地资源。

（2）充分考虑地形、气象、水文、地质条件，以及施工布置、交通运输、水电供应、生活设施依托等条件，在满足项目建设和运行要求的情况下，尽量避开防洪高水位、地震断裂带和地质灾害高风险区域，尽可能避开自然保护区、风景名胜区、世界文化和自然遗产地、饮用水水源保护区等环境敏感区。

（3）优先考虑利用存量建设用地，利用四荒地、山地和劣地，坚决遏制违法违规占用耕地，落实最严格的耕地保护制度，尽可能避让永久基本农田，不占或少占耕地，不压覆或少压覆矿产资源，积极采取有效措施提高土地利用率。技术改造项目和扩建项目应充分利用原有场地和设施，尽量减少新增用地。

（4）尽可能不靠近、不穿越人口密集的城镇或居民区，尽可能减少拆迁移民，环境敏感项目应尽可能避开和远离集中居民区，有大气污染物排放项目应尽量远离或避开城市主导风向的上风向，以有利于维护社会稳定。

（5）重大投资项目选址选线不能局限于项目所占地域本身，其辐射面常常扩大到整个区域乃至更大范围，需要综合考虑国家经济社会发展的总体战略布局、产业布局调整优化、区域发展战略、少数民族地区和经济落后地区经济发展、国家安全等因素。

2. 对各方案进行综合比选论证

可行性研究需对工程场址、线路选择进行多方案比选，应说明比选原则，对各备选方案进行综合论证比较，选定工程场址和线路。

一般依据区域规划与产业布局，结合拟建项目近远期目标综合分析，从规划条件、技术条件、经济条件、社会条件、生态环境影响等方面综合比选论证。

（1）规划条件比选。主要比较各场址、线路方案对生态保护红线占用和影响程度，对耕地、园地、林地等农用地的征占用情况，对环境敏感区的影响范围和影响程度，以及占用土地用途及面积情况，从规划符合性角度提出比选意见。

（2）技术条件比选。简述各比选场址、线路方案的工程地质条件、工程技术方案、施工方案等，评价各比选方案存在的主要工程地质问题、面临的主要技术风险、施工布置难度等，从地质和工程技术角度提出比选意见。

（3）经济条件比选。主要比较各场址、线路方案的工程投资和运营成本，重大工程还应统筹考虑主体与配套工程建设，将发挥工程效益必需的配套工程投资及运营成本纳入比较范围，从经济角度提出比选意见。

（4）生态环境影响比选。对于项目所在区域环境敏感程度高的重大项目，项目选址、选线方案比选应综合考虑建设项目可能对环境产生的影响。简述各方案可能涉及的生态环境敏感区，比较各选址、选线方案可能造成的环境和生态影响、当地政府及居民对项目的接受程度等，从生态环境影响角度提出比选意见。

（5）社会条件比选。主要比较各场址、线路方案在提升人居环境品质方面的作用；优化用地结构，促进土地混合使用；深化产城融合，促进职住平衡；提高交通可达性，促进城市高效、安全、低能耗运行；推动公共交通体系与城市功能布局融合；提升城市公共空间品质和公共服务水平；优化城市空间环境品质等方面，从社会影响角度提出比选意见。

3. 推荐场址、线路方案

根据方案综合比选情况，选择符合国家政策和相关规划，投资省、建设快、成本低、效益好、环境优的场址、线路，提出所推荐的场址线路方案。

可行性研究阶段，根据拟建项目土地取得方式、土地取得进度等实际情况，推荐场址、线路方案，方案内容具体可参考但不限于以下内容：

（1）地理位置。说明场址、线路所在行政区中的位置。

（2）周围环境。说明场址、线路与周边的空间关系，包括与生态保护红线、永久基本农田、城镇开发边界"三条控制线"的关系，与开发区、居民区、名胜古迹、文物保护区、自然保护区、大中型工矿企业等的关系，与场址附近的主要河流、湖泊、水库、铁路、港口、公路等的关系，与场址附近的机场、通信设施、水利设施、电力设施、防灾设施、军事设施等的关系及可能存在的相互影响。

（3）占地情况。说明推荐项目场址、线路的土地征占用情况，明确土地权属、供地方式、土地利用情况、矿产压覆、占用耕地和永久基本农田、涉及生态保护红线、地质灾害危险性评估等情况。

2.1.3 研究方法

常用研究方法包括但不限于系统分析法、现场调研法、案例调查法、经济比较法、线性规划法等。

随着地理信息技术和大数据技术的发展，诸如遥感（RS）、全球定位系统（GPS）、地理信息系统（GIS）等在项目选址中得到应用，可通过建筑信息模型（BIM）和城市信息模型（CIM）等信息化技术，为项目选址、选线提供数据支撑。

2.1.4 应用说明

（1）工程建设类项目一般都应进行项目选址、选线研究。地质条件复杂、施工条件困难的项目选址、选线应进行专题论证。中小型且无备选场址、线路的拟建项目，维修改造且不影响原有建设规模和产品方案的拟建项目，可行性研究可直接进行推荐场址方案的编写。

（2）不同行业项目的场址、线路称谓及其场址、线路选择需要研究的具体内容、方法等，应遵循行业规范和要求。对于涉及选线工作的相关建设项目，主要包括铁路、公路、轨道交通、输水、输电、输油气、通信等线性工程项目，应根据不同类型建设项目的具体专业、规范和标准要求，进行线路比选。对于线路设计中还涉及站场、料场等场地需求的建设项目，应在选线工作中同时考虑相关场地设置要求。

（3）建设项目选线方案研究应从规划、技术、经济、社会、生态环境等方面进行综合比选。由于线性工程项目往往具有线路长、涉及范围广、影响要素多等特征，选线研究范围不能局限于工程项目本身，还要从线路途经区域甚至更大区域范围层面进行全面分析，综合考虑各方案对经济社会发展、国家战略规划、重大政策实施的作用，用系统论的思想方法分析问题，处理好局部与整体、时间和空间、发展和保护、利用和修复的关系，以保证选线方案符合经济社会发展战略、区域发展规划、国土空间规划等相关规划要求，符合生态环境、历史文化、自然资源等底线管控要求，符合重要基础设施、管线工程、防灾设施相关管控要求，符合资源节约集约利用导向，并应对环境、资源、人民生活等不利影响降至最低，做到工程综合效益最大化。

（4）涉及用海用岛项目，应按照海洋部门规定和相关技术标准，开展海域使用论证，从自然岸线特征、水深和水文动力条件、工程地质条件、地形地貌与冲淤特征、周边海洋生态环境现状、周边海域开发活动与分布特点、填海面积和占用岸线长度等方面，对不同选址方案进行比选，择优选定项目用海用岛选址方案。

（5）选址或选线方案的研究，应鼓励公众参与，充分考虑不同影响和风险因素早期筛查和初步分析的研究成果，并结合利益相关方（特别是受影响相关方）的诉求或意见反馈，完善和优化选址方案。

模块 2.2　项目建设条件

2.2.1　研究目的

调查并说明拟建项目所在区域的自然环境、交通运输、公用工程等建设条件，阐述施工条件、生活配套设施和公共服务依托条件等，评价是否具备项目建设的基本条件。

2.2.2　研究内容

项目建设条件主要包括自然环境、交通运输、公用工程等条件。适宜的建设条件能够保障项目顺利落地实施，有效降低项目建设成本，提高项目运营的经济和社会效益，并避免可能产生的自然和人为风险。可行性研究阶段应对项目建设涉及的各类条件进行调查分析和阐述说明，包括但不限于以下内容：

1. 自然环境条件

简述项目所在区域的自然地理概况、气象、水文、泥沙、地质、地震、防洪等条件，对项目建设有较大影响的要素应进行重点分析。

（1）地形地貌。简述项目所在流域或区域的地形、地貌特征，对地形地貌有重大改变的已建、在建的工程情况等。

（2）气象条件。简述项目所在地区或临近地区气象台、站分布与主要气象要素特征值，包括气温、相对湿度、降雨量、蒸发量、风力与风向等。需给出历史极端值、年／月平均值，分析极端值出现的概率。

（3）水文条件。简述项目所在流域或区域水文测站分布与水文资料整编情况，说明径流、暴雨、洪水等水文计算成果，以及地表、地下水资源的分布和特征等。

（4）泥沙条件。水利、水电等工程项目还需要根据实测泥沙资料分析计算泥沙特征值。河流泥沙较少或泥沙对工程建设运行影响不大的项目，可行性研究报告对泥沙资料的要求可适当简化。泥沙对工程设计、运行影响较大的项目，应详细分析论证泥沙资料，并在工程设计方案中充分考虑防沙、排沙等泥沙淤积影响和对机械设备的磨损影响。

（5）地质条件。阐述项目推荐场址的地层岩性、地质构造、地基承载能力、水文地质条件，以及崩塌、滑坡、泥石流及岩体风化、卸荷等物理地质现象，对存在的工程地质问题进行评价。对线路较长的建设项目，工程地质条件是项目选线的重要条件之一，应在完成相应勘测工作量的基础上，根据地形地貌、地层结构、地下水位及存在的工程地质问题等进行分段评价。

（6）地震条件。可行性研究阶段应阐述推荐场址所在地区的区域构造稳定情况和地震活动情况，包括附近地区的大断裂带通过和交汇情况、地震类型、地震频率、震级烈度，以及抗震防震设施要求、拟建项目对地震情况是否有特殊要求等，并确定地震动参数。对于国家有关地震工作管理条例规定必须进行地震安全性评价的建设工程，应阐述有关专项评价的主要结论，包括地震安全性评价的技术要求、地震活动环境评价、地震地质构造评价、设防烈度或者设计地震动参数、地震地质灾害评价和其他有关技术资料等。

（7）防洪条件。阐述推荐场址所在流域（区域）暴雨、洪水特性和历史洪涝灾害的发生情况，防洪工程体系和工程总体布局，说明防洪保护范围、保护对象和防洪标准等。必要时还需分析拟建项目与防洪排涝通道、蓄滞洪区、洪涝风险控制线等相关防洪措施的关系。

（8）生态环境本底条件。对于具有突出生态环境特征的场址，应阐述项目场址的植被面貌，重要动植物种群、土壤、自然水体等生态环境本底条件，分析生态核心功能要素，明确需要保护的生态环境资源的具体技术要求。

2. 交通运输条件

阐述推荐场址的交通运输条件能否满足项目需要。主要包括场址位置与铁路车站、码头、公路、机场的距离和通行便利性；铁路、公路、水路、空运、管道的运输能力、装卸能力能否满足大宗及特殊物资的运输需要；铁路、公路的路基载重能力、桥隧净空高度能否满足超大、超高、超重设备的运输要求。

3. 公用工程条件

阐述推荐场址周边市政道路、水、电、气、热、消防和通信等设施的现状条件和发展规划要求。

（1）市政道路条件。阐述推荐场址与周边现状市政道路、城市道路交通系统规划的衔接关系，场址位置能否便捷联系区域、市域、城乡之间的道路交通服务网络。

（2）给排水条件。说明推荐场址周边的给水、中水、排水现状和发展规划，包括给水水源的类型、位置、供水能力、可供本项目水量、水质状况、水价以及市政给水管网情况；中水处理设施的位置，中水处理量，可供本项目使用的中水水量、水质、水价以及市政中水管网情况；污水处理厂或接纳水体的位置、污水处理量（水体流量）、可接收本项目排入废水量、接收水质标准、接收价格标准以及排水管网情况。对于涉及海水取水、海水和浓盐水排放的项目，应说明海水取水口和排放口的位置，气象、海象条件，海底部地形、地质，水质、生物情况以及水源的外部环境。

（3）电力条件。阐述推荐场址周边的电力供应现状和发展规划，以及项目拟接入电网位置、电压等级、规划容量、可供本项目电量、电价等。

（4）燃气条件。阐述推荐场址周边的燃气供应现状和发展规划，包括拟选气源的类型、位置、规划燃气量、可供本项目燃气量及压力、价格以及周边燃气管网情况。

（5）热力条件。阐述推荐场址周边的热力供应现状和发展规划，包括拟选热源的类型、位置、热源至项目的距离、供热能力、可供本项目热负荷及参数、价格以及热力管网情况及接入条件。

（6）消防条件。阐述推荐场址周边消防设施、消防通道现状和消防规划，包括拟建场址与危险源的位置关系，周边消防站点的类型、位置和辖区范围，消防设备和消防通道维护情况等。

（7）通信条件。阐述推荐场址周边的通信网络现状和发展规划，包括电信线路、微波装置、网络基站、无线电的情况和可利用性，以及新建通信设施的可能性。

4.其他条件

（1）技术和人力资源条件。对于技术密集型或知识密集型项目，选址多在相关科学技术水平较发达的大中城市科技园区，阐述项目的技术协作条件和技术水平要求。对于劳动密集型项目，阐述项目的劳动力供应保障水平与劳动力质量。

（2）施工条件。阐述推荐场址现状场地和周边设施是否满足进行工程施工的相关条件要求，主要包括前期场地平整情况、周边现状道路交通情况、临时用电和给排水条件、临时设施布置情况等。

（3）生活配套设施及公共服务依托条件。阐述推荐场址所在地的生活配套设施（如学校、医院等）是否满足项目需要，特别是针对人口老龄化、少子化趋势和社区功能复合化需求，针对医疗、康养、教育、文体、社区商业等公共服务设施和公共开敞空间，说明其规模和布局是否符合社区生活圈相关的配置标准。

（4）现有设施条件。改扩建和技术改造项目应分析现有设施条件的容量和能力，充分利用现有场地和设施，提出设施改扩建和利用方案，尽量减少新增建设内容。

2.2.3 研究方法

常用研究方法包括但不限于文献法、现状调查法、会议座谈法、案例调查法等。

2.2.4　应用说明

不同行业、不同功能项目对于建设条件的要求不同，在系统梳理场地现状条件的基础上，应根据项目具体情况对项目建设条件进行分析和阐述。

模块 2.3　土地要素保障

2.3.1　研究目的

分析拟建项目的土地要素保障条件，开展节约集约用地论证分析，评价用地规模和功能分区的合理性、节地水平的先进性。

2.3.2　研究内容

用地是项目建设的基本前提和重要保障，可行性研究应论证建设项目用地的合理性、节地水平的先进性，以及土地要素保障能力，确保投资项目顺利建设实施和生产运营，实现预期的基本功能和投资效益。

1. 拟建项目用地情况

根据"模块 3.5　用地用海征收补偿（安置）方案"，简要说明拟建项目用地总体情况，主要包括用地面积、土地权属和用途。

2. 土地要素保障

土地要素保障是项目建设方案具备可行性的基础条件，要及时跟进和掌握土地要素保障政策调整情况，针对拟建项目的性质和落地区域不同，制定相应的项目用地取得方案。分析纳入项目用地计划指标配置的相关情况，在严格落实耕地保护制度、节约集约用地制度和生态环境保护制度，守住法律底线和资源安全红线的前提下，做好建设项目土地要素保障。

根据项目所在地的国土空间规划，说明项目用地范围内各地块是否符合"三区三线"（"三区"是指城镇空间、农业空间、生态空间三种类型的国土空间。"三线"是指分别对应在城镇空间、农业空间、生态空间划定的城镇开发边界、永久基本农田、生态保护红线三条控制线）等国土空间规划管控要求，重点阐述建设项目土地需求是否符合相关的国土空间规划、土地利用年度计划、建设用地控制指标等要求。建设项目用地涉及耕地、园地、林地、草地等农用地转为建设用地的，应说明农用地转用指标的落实、转用审批手续办理安排及耕地占补平衡情况。建设项目用地涉及占用永久基本农田的，应按照"数量不减、质量不降、布局稳定"的要求，说明永久基本农田占用补划情况。

3. 节约集约用地论证分析

结合行业专业技术设计规范、建设规范、节地标准等，评价拟建项目总用地规模和各功能分区规模的合理性，分析采用的节地技术、节地措施，取得的节地效果，论证节地水平的先进性。

国家和地方已颁布土地使用标准和建设标准，但因安全生产、地形地貌、工艺技术等有特殊要求，确需突破土地使用标准确定的规模和功能分区的建设项目，以及国家和地方尚未颁布土地使用标准和建设标准的建设项目，应按自然资源部关于建设项目节地评价工作的有关规定开展节地评价，编制建设项目节地评价报告，报自然资源主管部门，由自然资源主管部门组织评审论证，出具评审论证意见。

2.3.3 研究方法

常用研究方法包括但不限于文献法、现状调查法、会议座谈法、案例调查法、系统分析法、实物指标法等。

2.3.4 应用说明

（1）对于新占用土地的投资项目，应结合项目类型、性质、特点和区域等确定土地要素保障分析内容。

（2）有关数据采用依据说明。一是现状数据，依据最新全国国土资源调查数据；二是有关"三区三线"数据，采用经国务院批准并纳入国土空间规划"一张图"数据；三是规划依据，在国土空间规划批复前，经依法批准的土地利用总体规划、城乡规划继续执行。

模块 2.4 水资源要素保障

2.4.1 研究目的

水资源要素保障主要论证拟建项目所在地区水资源的承载能力和控制指标，

分析水资源是否对项目建设运营造成限制性障碍以及是否满足项目用水的保障要求。

2.4.2 研究内容

1. 取水项目水资源要素保障分析

直接从江河、湖泊或地下取水以及高耗水的建设项目，应进行水资源论证。

（1）项目取水的合理性分析。从项目所属行业、建设规模、采用的技术及工艺、生产的产品等，分析建设项目与国家产业政策、行业发展规划、节水政策等的符合性，在严重缺水地区，应严格限制高耗水或重污染建设项目；评价项目取水是否满足所在流域或区域的用水总量分配方案，是否满足用水总量控制、用水效率控制和水功能区限制纳污总量等水资源管理要求。

（2）项目用水的合理性分析。根据建设项目取水方案、用水方案和设计方案，阐述项目生产工序和用水过程，分析建设项目取水、用水、耗水、退水的关系，绘制水平衡图，评价项目用水的合理性；计算建设项目取水、用水、耗水、回用和退水等用水指标，与区域用水效率控制指标、国内外同行业先进用水指标、有关部门制定的节水标准和用水定额进行比较，对照行业先进水平分析评价拟建项目的用水水平。

（3）取水水源的可靠性分析。以地表水为取水水源的建设项目，应在水资源及其开发利用状况分析的基础上，利用已有成果和收集的资料，分析取水水源论证范围内现状及设计水平年的来水量、用水量、地表水可供水量、非常规水可利用量，进行水资源供需平衡分析，评价取水水源的水量保证程度；分析现状取水水源的水质，评价水源水质的适用性。

以地下水为取水水源的建设项目，应分析纳入论证范围内的水文地质条件、地下水资源量及可开采量、现状及设计水平年的地下水供水量、地下水水质，评价地下水取水的可靠性。

以再生水、海水、微咸水等非常规水源作为项目水源的，重点分析水质的适用性和水量的可靠性。

（4）取水用水影响分析。从水资源条件、水功能区纳污能力、水生态系统保护、对其他利益相关方的影响等方面，分析建设项目取水和退水的影响；论证影响范围内已建、在建、已批待建等各类建设项目取水和退水的累积和叠加影响，并提出减缓或消除不利影响的补救、补偿、应对措施。

2. 市政用水建设项目水资源要素保障分析

（1）简述项目用水总量及用水效率。根据"模块 6.4 资源和能源利用效果分析"研究内容，明确项目所需用水总量、单位用水指标情况。

（2）明确项目所在地区和所属行业的用水指标要求。根据国家和所在地区公开发布的有关要求和数据，以及所属行业用水的有关要求和数据，分析项目所在地区和所属行业对于拟建项目关于用水总量、用水效率等指标控制要求。

（3）论证项目的水资源要素保障能力和保障水平。对比分析项目用水总量及用水效率与项目所在地区和所属行业的用水指标要求，评价项目水资源要素的保障能力和保障水平。

2.4.3 研究方法

常用研究方法包括但不限于经验频率法、文献研究法、现场调研法、会议座谈法、问卷调研法、指标分析法、比较研究法等。

2.4.4 应用说明

水资源要素保障分析应区分取水项目和市政用水项目，并结合项目所属行业、类型、性质、特点和区域等确定研究内容。

模块 2.5 能源要素保障

2.5.1 研究目的

分析拟建项目所在地区能源承载能力及其保障条件，以及能源消耗总量和强度调控、控制化石能源消费、碳排放强度等指标控制要求，论证项目的能源要素保障能力和保障水平。

2.5.2 研究内容

1. 简述项目能源消费情况及能效水平

根据"模块 6.4 资源和能源利用效果分析"研究内容，明确项目所需能源类型、能效水平、能源消费情况。

2. 明确项目所在地区和所属行业的能源利用要求

根据国家和所在地区公开发布的有关要求和数据，以及所属行业能源利用的有关要求和数据，结合所在地区经济社会发展、能源结构、产业结构和项目具体技术方案等，分析项目所在地区和所属行业对于拟建项目关于能源消耗总量和强度调控、控制化石能源消费、碳排放强度等指标控制要求。

3. 论证项目的能源要素保障能力和保障水平

对比分析项目能源消费情况及能效水平与项目所在地区和所属行业的能源利用指标要求，评价项目能源要素的保障能力和保障水平。

2.5.3　研究方法

常用研究方法包括但不限于文献研究法、指标分析法、比较研究法等。能源消费情况应以定量分析为主、定性描述为辅。

2.5.4　应用说明

（1）能源要素保障研究内容应结合项目类型、性质、特点和区域等因素进行具体分析。需要采用市场化方式保障能源需求的投资项目，应重点分析项目所需能源需求的可得性。

（2）积极落实碳达峰碳中和战略，根据相关规定，分析项目所在地区关于地热能、太阳能、风能、水能、生物质能等可再生能源情况，研究拟建项目在保障项目能源安全前提下的可再生能源利用方案。

模块 2.6　生态环境要素保障

2.6.1　研究目的

识别投资项目建设和运营中排放污染物的种类、浓度和年度排放总量，调查了解拟选址区域相关执行的生态保护和环境质量目标以及管控要求，分析环境容量保障条件，评价相关指标支撑程度。

2.6.2　研究内容

1. 简述项目对生态环境影响情况

根据"模块6.3　生态环境影响分析"的研究内容，明确拟建项目建设和运营中排放污染物的种类、浓度和年度排放总量，以及项目对水土流失、生态保护、生物多样性和环境敏感区等方面的影响。

2. 明确项目所在地区和所属行业的生态环境管控要求

根据国家和所在地区生态环境主管部门发布的"三线一单"（即生态保护红线、环境质量底线、资源利用上线和生态环境准入清单）以及有关要求和数据，分析与本项目相关的重点管控区域、生态环境质量目标以及污染物排放标准和重点污染物排放总量控制指标等管控要求和约束指标。

3. 论证项目生态环境要素保障能力和保障水平

对比分析项目污染物排放情况和对生态环境的影响与项目所在地区和所属行业的生态环境管控要求，评价项目生态环境要素的保障能力和保障水平。

2.6.3　研究方法

常用研究方法包括但不限于文献研究法、现场调研法、会议座谈法、问卷调研法、指标分析法、比较研究法。

2.6.4　应用说明

（1）我国实行严格的污染物排放总量控制制度，把主要污染物排放总量指标作为建设项目环境影响评价审批的前置条件。排放主要污染物的建设项目，在环境影响评价文件审批前，须取得主要污染物排放总量指标。

（2）对于高耗能、高排放项目，应符合生态环境保护法律法规和相关规划要求，满足重点污染物排放总量控制、碳排放达峰目标、生态环境准入清单、相关规划环境评价和相应行业建设项目环境准入条件、环境评价文件审批原则要求，坚决遏制"两高"项目盲目发展。

（3）随着各地污染减排治理工作的深入，生态环境质量将逐步实现好转，有关污染物排放管理制度会动态调整。可行性研究阶段需了解国家现行的污染物排放总量控制制度及标准，了解项目所在地区的特殊污染物总量控制要求，如地方是否执行烟粉尘、挥发性有机物、重点重金属污染物、沿海地级及以上城市总氮和地方实施总量控制的特征污染物总量控制制度。在此基础上，选择适宜的方法核算项目可能产生污染物的总量指标，并按照地方主管部门规定的程序提交相关的总量指标申请。

模块 2.7 用海用岛要素保障

2.7.1 研究目的

分析拟建项目用海用岛的规划符合性、规模合理性及生态环境影响等内容，说明用海用岛要素保障程度。

2.7.2 研究内容

涉及用海用岛的项目，应按照海洋部门规定程序和技术标准开展海域使用论证，可行性研究引述海域使用论证主要内容和结论，说明拟建项目用海用岛要素保障条件和保障程度。

1. 拟建项目用海用岛情况

简述项目用海用岛方式、面积和坐标。涉及占用海岛周边海域时，明确涉及海域在海洋功能区划中的功能定位，以及项目用海面积、用海类型和用海方式；涉及占用海岛时，明确项目所占用的海岛面积（包括用岛面积和用岛投影面积）、坐标、用岛类型、用岛方式和使用年限、占用岸线和新增岸线。

2. 拟建项目用海用岛的规划符合性

（1）海洋功能区划的符合性分析。根据现行海洋功能区划，阐述项目所在海域海洋功能区名称、基本功能类型、位置、范围和管理要求等内容，说明项目对海洋功能的利用及影响情况，分析项目用海是否符合海洋功能区的用途管制要求和用海方式控制要求，是否对海域的基本功能造成不可逆转的改变。

（2）其他相关规划的符合性分析。简述相关规划中用海用岛有关内容，分析论证拟建项目用海用岛以及利用港口岸线资源、航道资源等与相关规划的符合性。对于需围填海的项目，还应分析与相关规划的符合性。

3. 用海用岛规模的合理性

（1）用海方式合理性分析。依据项目各用海单元的特点，并结合项目总体布置、平面布局、功能单元之间的相互关系，分析项目用海方式的合理性。

（2）用海面积合理性分析。依据项目用海性质、建设规模和产能、行业技术标准等，结合项目用海的平面布置，分析项目用海面积合理性。对于涉及利用岸线、航道的项目，还应分析占用岸线、航道规模的合理性。对于围填海项目，应阐明围填海用海与当地土地资源的供需关系，结合用海项目所依托陆域的开发利用状况，分析项目围填海规模的合理性。

（3）用海期限合理性分析。以主体结构、主要功能的设计使用（服务）年限作为依据，以法律法规的规定作为判断标准，分析项目申请的用海期限是否合理。

2.7.3 研究方法

常用研究方法包括但不限于文献法、现状调查法、分析预测方法、海洋生态损失补偿评估方法、海域资源配置方法、实物指标法等。

2.7.4 应用说明

（1）涉及用海用岛的项目，应按照海洋主管部门的有关要求开展海域使用论证，并取得具有审批权的自然资源（海洋）主管部门的评审意见，将相关内容纳入可行性研究报告。

（2）为加强滨海湿地管控，自2018年起，除国家重大战略项目外，全面停止了新增围填海项目审批。国家重大战略项目确需进行围填海的，由项目建设主体通过项目所在地省级人民政府向国家发展改革委、自然资源部报送开展围填海审核的材料，由国家发展改革委、自然资源部提出审核意见，按程序报国务院审批，并在项目可行性研究报告中予以反映。

模块 2.8　其他关键要素保障

2.8.1　研究目的

投资项目的建设条件、建设环境受到地理位置、自然环境、交通运输、技术壁垒、软硬件等方面的限制，对于存在特定要素需求的建设项目，如关键技术、关键设备、关键原材料等，特定要素的缺失对项目的顺利推进存在"短板效应"，只有满足特定要素的条件，才能确保项目顺利实施。因此，要充分考虑特定要素的保障程度，防止出现要素保障相关风险，以确保建设项目满足基础条件，落实建设项目特定关键要素的可得性。

2.8.2 研究内容

1. 其他关键要素的识别

根据项目建设的自然环境、社会环境、设备条件等因素识别相关特定要素，分析建设条件存在的特定限制，明确关键技术、设备或原材料的配置情况和监管要求等，提出特定要素的配置标准。

2. 分析特定关键要素的支持条件

在可行性研究阶段，分析特定要素如关键技术的成熟性，关键设备的完备性，主要原辅料供应的可持续性、数据的可得性等，论证特定要素是否满足标准要求，提出特定要素保障的路径和方案。

2.8.3 研究方法

常用研究方法包括但不限于系统分析法、帕累托分析法（ABC分类法）、文本调查法、现场调研法、案例调查法、方案比选等方法。

2.8.4 应用说明

根据项目的自然环境、社会环境、设备条件等，研究是否存在特定要素，并提出保障特定要素供给的解决方案。例如，对于在高原建设的项目，分析特殊自然环境下运输、建设技术的成熟性，以及关键技术的经济性、工艺复杂程度，研究关键技术应用在项目上的可行性，提出关键技术缺失情况下的备选方案；对于原材料来源于国外的建设项目，分析国内外环境的安全性，判断原材料供应的可持续性，提出原材料供应链断裂等极端情况下的替代方案。

三、项目建设方案

项目建设方案主要从技术方案及工程实体建设的角度研究工程可行性。制定项目技术方案、设备方案、工程方案、资源开发方案、用地用海征收补偿（安置）方案、数字化方案，从合理性、适用性、先进性、可靠性、安全性、经济性等方面进行多方案比选，研究项目建设方案的可行性；通过对建设组织方案、实施进度方案和招标方案等方面的分析，研究项目建设管理方案的合理性。

模块 3.1　技术方案

3.1.1　研究目的

通过技术比较提出拟建项目的生产方法、生产工艺技术和流程、配套工程、技术来源及其实现路径，论证项目技术的适用性、成熟性、可靠性和先进性。

3.1.2　研究内容

1. 技术方案构成内容

（1）与项目相关的国内外工艺技术研究综述。阐述国内外与项目产品相关的生产方法和应用技术的现状、特点和主要技术经济指标、所建装置数量技术覆盖率、发展变化趋势及前景等。国内先进技术方案与国外先进技术比较及其各自优缺点、先进程度及发展趋势。

（2）生产方法和应用技术。研究拟采用的生产方法和应用技术是否符合所采用的原料路线，是否满足项目建设规模、产品或服务方案的要求以及是否符合节能减碳、绿色发展等要求。研究拟采用生产方法技术来源的可得性，对于专利或关键核心技术，需要分析其获取方式、知识产权保护、技术标准和自主可控性以及关键设备的国产化状况；对于采用引进技术或专利，需要分析可能存在的"卡脖子"技术风险。通过论证选用安全、可靠、先进、适用、经济和低风险的生产方法和应用技术。

（3）工艺流程方案。研究不同工艺流程方案对项目功能、产品（或服务）质量的保证程度；研究各工序之间的合理衔接，工艺流程应通畅、简捷；研究主要技术参数、先进合理的物料消耗；研究工艺流程的柔性安排，保证主要供需生产的稳定性以及对原材料和动力供应等的适应性。简述推荐工艺流程方案。

（4）配套工程。根据工艺技术要求，研究是否需要单独配置公用工程或辅助设施，需要单独配置的应予以描述，说明其设置的必要性，并向相关专业提出所需的配套条件。

2. 技术方案比选论证

要符合相关发展规划、技术政策、产业政策以及产品结构调整发展方向，结合技术的先进程度、可靠程度和技术方案对项目功能的保证程度、技术适应性、工艺流程的合理性、自动控制和智能控制水平、生态环境的影响程度和技术转让费或专利费等技术经济指标，进行多方案比较，通过技术比较提出项目预期达到的技术目标、技术来源及其实现路径，确定核心技术方案和核心技术指标，编制技术方案比选表，可参考表 3-2。

表 3-2　　　　　　　　　　　　技术方案比选

序号	比选内容	方案Ⅰ	方案Ⅱ	方案Ⅲ
1	技术先进程度			
2	技术可靠程度			
3	技术对项目功能保证程度			
4	技术适应程度			
5	技术安全性			
6	工艺流程合理性			
7	技术进展前景			
8	技术对原材料的适应程度			
9	产品质量水平			
10	产品质量保证程度			

续表

序号	比选内容	方案 I	方案 II	方案 III
11	产品质量未来提高前景			
12	自动控制和智能控制水平			
13	技术可得性与获得难易程度			
14	技术转让费或专利费			
15	主要技术经济指标			
15.1	单位投资费用			
15.2	单位土地占用			
15.3	单位材料消耗			
15.4	单位能源消耗			
15.5	单位产出成本			
15.6	单位污染物排放			
15.7	单位温室气体排放			
15.8	单位产出收益			
16	产品竞争力			
17	降低成本的可能性			
18	其他			
19	存在的问题及改进方向			
…				
	方案优劣排序			

注　在各方案分项优劣排序基础上进行综合排序。

3. 推荐技术方案

简述推荐技术路线的理由、技术指标和技术特点，分析存在的问题，提出解决问题的建议。

简述推荐方案的主要工艺过程、操作参数和关键的控制方案。分装置画出工艺流程图。项目属一次规划，分期建设、分期投产的，应有分期流程的说明和流程图。

技术方案还应绘制能量平衡图、水量平衡图等，编制主要原材料以及辅助材料、燃料动力、人工等消耗情况及碳排放水平表。

大型联合装置要说明各装置间的物料互供关系，要以总工艺物料平衡表和方块物料平衡图表示。物料平衡图要显示原料进量、装置、组成和产品、副产品量。

改扩建和技术改造项目，要分别列出改造前后物料平衡情况并根据改造方案，叙述改造后（有项目）、无项目和增量的物料情况。

3.1.3　研究方法

技术方面可采用简单评分法、加权评分法等综合评价方法；经济方面可采用计算单位投资费用、单位材料消耗、单位能源消耗、单位产出成本和单位产出收益等指标评价方法。对风险因素进行定量或定性分析，主要包括影响技术先进性、适用性和可靠性的因素，未来被其他新技术替代、淘汰的可能性，国家产业发展和环境保护政策等的影响等。

3.1.4　应用说明

（1）不同类型项目可根据所属行业和工程特点选择是否需要编制技术方案。原则上应进行多方案比选，在综合比选的基础上提出推荐技术路线，简述推荐的理由。引进技术应进行多种引进方案的比选，要参考国内外同类技术的成交价格。

（2）对于由多套工艺装置或多个工艺环节组成的大型联合装置或大型联合企业，应将工艺技术作为重点进行研究。需要按工艺装置分册详细叙述的，可只对各工艺装置进行综合简要介绍。

（3）对于全厂性项目（或联合项目），要进行全厂总工艺流程方案、生产单元及规模、生产单元组成布置、全厂物料平衡分析。

（4）对于改扩建和技术改造项目，要分析原有工艺技术状况，说明项目建设与原有装置的关系，结合改造具体情况编制本部分内容。

（5）对于引进国外技术的项目，需要在分析国内技术状况的前提下，进行技术经济比选及风险分析，提出推荐引进技术、引进方式以及引进和进口的范围、内容。

模块 3.2　设备方案

3.2.1　研究目的

在初步确定技术方案的基础上，对所需主要设备（含软件）的规格、数量、技术参数、来源、价格等进行研究比选，提出拟建项目主要设备（含软件）的规格、数量和技术参数等内容，为拟建项目的工程可行性研究提供设备方案是否可行的判断依据。

3.2.2　研究内容

1. 设备方案构成内容

（1）根据建设规模、项目功能要求和工程技术方案研究提出所需主要设备（含软件）的规格、技术参数和数量要求。

（2）通过对国内外有关制造厂商的调查和询价，研究提出项目所需主要设备（含软件）的来源和价格。

（3）根据技术方案对自动化、智能化的要求，参考国内外同类装置自动控制的水平，考虑项目的投资情况以及生产过程的要求等，确定拟建项目的自动化水平和自动控制设备（含软件）。简述自动控制系统和主要仪表的选型原则，据以选择控制系统并说明该系统方案的构成、功能特点及技术性能，确定检测和控制仪表的类型。

2. 设备方案比选论证

在充分调查研究国内外设备生产、供应、运行状况的基础上，结合技术方案对主要设备（含软件）方案进行多方案比选，提出推荐方案。设备方案比选论证主要包括各设备方案对建设规模的满足程度、主要设备与辅助设备相互配套、设备（含软件）与技术的匹配性和可靠性，设备和软件对工程方案的设计技术需求，以及对项目功能质量和工程技术要求的保证程度、使用寿命、成熟安全实用性、物料消耗指标、操作规范、设备（含软件）投资和运行维护费用等内容。必要时，对关键设备进行单台技术经济论证。

一般设备可不作比选。为估算设备总投资，可参考已建成的同类项目或行业通用比例，按单项工程估算一般设备的台套数或吨位后计入总投资。

项目设备如果存在多种供应渠道和来源，要对不同运输方式进行技术经济比较，结合市场供应状况，开展方案比选，提出推荐方案。

3. 推荐设备方案

关键设备（含软件）推荐方案确定后，编制推荐方案的主要设备（含软件）表，如表 3–3 所示。

表 3–3 项目主要设备（含软件）

序号	设备名称	主要参数	计量单位	数量	单价	运行维护费用	能耗	知识产权情况	设备（含软件）来源			
									利用原有	国内制造	进口	合作制造
1												
2												
...												

3.2.3 研究方法

技术方面可采用设备生命周期法、简单评分法、加权评分法等综合评价方法；经济方面可采用计算投资成本、运营成本、寿命周期费用和投资回收期等方法。

3.2.4 应用说明

（1）不同类型项目可根据所属行业和工程特点选择是否需要编制设备方案。原则上主设备（含软件）应进行多方案比选。通过比选确定建设项目主要设备（含软件）的规格、性能参数和数量、来源和价格，提出关键设备推荐方案及进口设备国产化替代状况。

（2）对改扩建和技术改造项目，要简述原有设备（含软件）状况，论述项目可依托的设备（含软件）状况，对主要的依托设备（含软件）要进行方案比选；提出对原有设备（含软件）的改造方案，并分析改造的效果；提出依托设备（含软件）的资产原值和净值以及可以节约的投资数额。

（3）超大型、超重、超高设备选择应提出相应的运输方案和安装技术措施。

（4）从国外引进设备（含软件）的项目，应符合国家有关规定要求，并详细阐述引进理由、范围、方式和参考的价格，提出设备（含软件）供应方式、提交方案以及备品备件方案。引进设备（含软件）应参考国内外同类设备（含软件）的成交价格，分析历史成交价格和相关设备（含软件）成交价格，要重视软件的引进，注意引进软件的费用和使用条件，了解国际惯例。

模块 3.3　工程方案

3.3.1　研究目的

在已选定项目建设规模、技术方案和设备方案的基础上，进一步通过方案比选提出工程建设标准、工程总体布置、主要建（构）筑物、内外部运输方案、市政配套方案及其他配套设施方案。

3.3.2　研究内容

1. 工程方案构成内容

在不同工程建设领域，工程方案所包含的工程内容差异很大、深度不尽相同。工程方案要充分考虑土地利用、地上地下空间综合利用、人民防空工程、抗震设防、防洪减灾、消防应急等要求，要重视绿色建材、绿色建筑、超低能耗建筑、装配式建筑、生态修复等绿色及韧性工程相关内容，并结合项目特点提出具体工程方案。以民用建筑、产业、铁路等交通项目、水利水电项目为例，主要内容包括：

（1）民用建筑工程方案。主要包括使用功能、总平面布局和竖向布局、建筑特征及结构型式、设备系统选型、市政公用工程等内容。

（2）产业项目工程方案。主要包括厂房、工业装置、生产装置、农业工程等建筑物、构筑物，主要研究其建筑特征、结构形式、特殊要求（防火、防爆、防腐蚀、隔声、隔热等）、基础工程方案、地震设防要求等。

（3）铁路等交通项目工程方案。主要包括线路、路基、轨道、桥涵、隧道、站场以及通信信号等内容。

（4）水利水电工程方案。主要包括水库工程、堤坝工程、引调水工程、灌溉工程以及水电站工程等方案，重点研究工程规模、工程选址、建筑物选型、工程布置等。

2. 工程方案比选及优化分析

工程方案比选是对备选方案的规划符合性、使用功能、节能环保、节约用地、征地移民、绿色低碳、资源条件、施工难度和工期、运营维护、建设投资以及经济性和潜在影响与风险（特别是社会稳定风险）等进行综合（包括定性与定量）比选，提出推荐方案。

3. 工程建设标准

应结合工程特点，以及行业发展需要，综合考虑工程设计、施工技术、质量、安全等方面的要求，提出统一的工程建设标准（包括勘察、设计、施工、安装、验收等标准），指导项目实施，保证建设工程安全，保障社会公众利益。

4. 工程总体布置方案

按照"分区合理、系统分明、布置紧凑、流程顺畅、经济合理、使用方便"的基本要求，结合项目所在区域自然环境和地域文脉，并考虑地形、地质、日照、通风、防火、卫生、交通及环境保护等要求研究工程总体布局，使其满足使用功能、城市规划要求以及技术安全、经济合理性、节能、节地、节水、节材等要求。

工程总体布置方案应研究确定各个单项工程建筑物、构筑物的平面尺寸和占地面积，功能区的合理划分，各功能区和单项工程的平面布置和竖向布置；研究内外运输、消防道路，合理确定土地利用系数、建筑系数和绿化系数。可行性研究应阐述工程总体布置方案的构思意图，说明功能区域划分和布局特点，以及在竖向设计、交通组织、防火设计、景观绿化、环境保护等方面所采取的具体措施。

改扩建项目应做好总体布置规划，统筹考虑新建建筑物、构筑物与现状建筑物、构筑物的协调、衔接和统一，确保新建部分与原有部分使用功能形成整体，建筑风格统一。

5. 主要建（构）筑物方案

在推荐技术方案和设备方案的基础上，根据拟建项目所属行业和工程特点，并充分考虑土地利用、地上地下空间综合利用、人民防空工程、抗震设防、防洪减灾、消防应急等要求，以及绿色、低碳和韧性工程相关内容，研究提出主要建筑物、构筑物和公用工程方案。

6. 内外部运输方案

根据建设规模与项目功能、技术方案、设备方案和工程方案确定的主要投入物和产出物的品种、数量和流向，研究提出项目内外部运输方案。

（1）根据项目的性质特点，如运量大小、运距长短、产品类型及性质，统筹考虑全面规划内外部运输，对采取的运输方式进行多方案的比较，力求形成完整连续的内外部运输、装卸、贮存系统。

（2）项目的陆运、水运和空运等外部运输，应尽量依托社会运输系统。确需自建专用铁路、公路、码头的，应进行专项方案研究，保障足够的运量，避免运力浪费，并考虑特殊运输配套条件。自建外部运输线路和车站、码头的，应符合当地城镇及交通运输规划，满足生产、货运、人流的要求。明确专用线的接轨点位置和接轨方案后以及车站或码头的选址方案等。

（3）主要产出品、大宗原材料和燃料的运输，应分析大宗物资运输需求和成本、大件运输的实施方案及其合理性，以采用单一的运输方式为宜，避免多次倒运，提高运输效率，减少运输损耗和污染物排放。大宗原材料和燃料，宜从厂外直接运至车间或仓库，减少中转损耗。

运输方案要计算运输量、选择运输方式、合理布置运输线路、选择运输设备和设施，经多方案比选，提出推荐方案。

7. 外部市政配套方案

对于涉及城市发展的项目，应研究市政配套方案，主要包括拟建项目水、电、气、热等能源从市政条件接入点至项目用地红线的接驳方案，重点分析各项配套设施的规模和建设及投入运行的时间对满足拟建项目建设和可持续运营的保障条件。

（1）给水配套方案。主要分析项目水量和水质要求，研究水源、用水量、压力以及拟接入位置、管径、敷设方式、路由和长度等。若有多种水源，需分别说明水量（实际水量、规划水量、可供本项目水量）、水温（最高水温、最低水温、平均水温）、水质（枯水水质、丰水水质、平均水质）情况以及水源地距厂址距离等。确定给水方案时，优先选择市政供水。在市政供水不能满足需要时，研究提出自建给水方案。通过阐述拟建项目利用地表水源及地下水源等水资源方案，分析供水条件的保障程度。必要时，附有关水资源管理部门批准的取水文件。

（2）中水配套方案。主要分析拟建项目的中水水源选择、用水量、压力以及拟接入位置、管径、敷设方式、路由和长度等。通过阐述拟建项目中水利用方案，分析中水供水条件的保障程度。必要时，附有关水资源管理部门批准的中水取水文件。

（3）污水排放配套方案。主要分析拟建项目的污水排水量以及拟排放位置、管径、敷设方式、路由和长度等，简述污水处理方案的选择与比较，说明处理后污水的去向和排放条件，接纳水体的条件与选择。说明环保评价对污水处理的要求。有污水集中处理条件的，给出污水处理厂接纳的条件；特殊污水排放，应有专门的处理技术方案。雨水配套方案主要分析拟建项目的雨水排放口、设计最大雨水排水量以及拟排放位置、管径、敷设方式、路由和长度等。必要时，附有关管理部门批准的污水和雨水排水文件。

（4）海水取用方案及海水和浓盐水排水方案。海水取用方案主要分析拟建项目的海水用量、压力以及拟接入位置、管径、敷设方式、路由和长度等。必要时，附有关海洋管理部门批准的取海水文件。

海水和浓盐水排水方案主要分析拟建项目拟排放海水和浓盐水的排水量、温度、盐度、污染物浓度以及拟接入位置、管径、敷设方式、路由和长度等。必要时，附有关海洋管理部门批准的海水和浓盐水排水文件。

（5）供电配套方案。主要分析拟建项目的上级电源选择、接入电压等级、用电总负荷以及拟接入位置、电缆电线规格、敷设方式、路由和长度等。通过阐述项目供电方案，分析项目供电条件的保障程度。必要时，附有关电力主管部门批准的电源接入意见。

对有余能余热或清洁能源发电装置的项目，要阐述项目发电装置与电网连接方案。必要时，附有关电力主管部门的批准文件。

（6）通信配套方案。主要分析拟建项目网络、电话、有线电视等通信条件的供应源选择、项目需求量以及拟接入位置、管径、敷设方式、路由和长度等。

（7）供热配套方案。主要分析拟建项目热源选择、热负荷、供热介质、供热参数以及拟接入位置、路由、管径、敷设方式和长度等。

（8）燃气配套方案。主要分析拟建项目的供气气源选择、压力、燃气调压箱参数以及拟接入位置、管径、敷设方式、路由和长度等。

8. 其他配套设施方案

根据拟建项目生产规模、设备特点、外协条件等因素提出相应的维修设施方案。根据生产需要，提出仓储设施方案，如生活用品库、原材料库、设备库、备品备件库、成品库等设施。

9. 相关专题论证工作

对于下列有特殊要求的施工部位或一些重点施工内容，需根据拟建项目的技术经济特点开展相关专题论证工作，编制特殊的工程施工措施及方案。

（1）应用新技术、新材料、新工艺、新设备的特殊施工项目。

（2）要求满足特殊质量要求的项目。

（3）特殊气象条件下，必须采取特殊技术方能对工程质量、安全、环境措施予以保障的项目。

（4）首次建设或带有试验性质的项目。

（5）需采取特殊措施才能缩短工期的项目。

3.3.3　研究方法

投资项目工程方案研究，在技术方面可采用简单评分法、加权评分法等综合评价方法；经济方面可采用计算投资收益率、投资回收期、净年值、净现值、内部收益率指标等方法。

3.3.4　应用说明

（1）不同类型项目可根据所属行业和工程特点编制工程方案，原则上应进行多方案比选。

（2）改扩建和技术改造项目应结合项目单位现状建筑物、构筑物及配套条件，合理确定工程方案。对改造前后的建筑物、构筑物方案应列表对比。

（3）根据国家和地方加强生态文明建设、推进绿色发展的相关要求，应重视绿色建筑、绿色工厂、海绵城市、生态修复等绿色工程研究内容，必要时设专篇进行研究。

（4）涉及分期建设的项目，需要阐述分期建设方案。

模块 3.4　资源开发方案

3.4.1　研究目的

对于资源开发类项目，依据资源开发规划、资源储量、资源品质、赋存条件、开发价值等，研究制定资源开发和综合利用方案，评价资源利用效率。

3.4.2　研究内容

1. 资源及开发利用状况

（1）资源开发总体规划及资源勘查。资源的开发利用首先必须满足国家和区域资源总体开发规划的要求，并根据资源勘查结果进行研究。可行性研究应简述由政府主管部门批复的资源开发总体规划情况，说明资源总量和分区资源量、资源品质、赋存条件、开发价值等，以及拟建项目资源开发与资源开发总体规划的关系。同时根据勘查结果阐述项目所在区域的资源状况和水文地质条件，特别是重点矿种开发项目、重点成矿区带和大中型矿产地的开发项目，应在区域层面进行细化研究，充分发挥规划对空间布局的指导和约束作用；对于小型矿区项目也要提出控制要求，避免滥采乱挖。

（2）资源开发利用状况。

1）简述项目所在区域的资源开发利用现状，包括已经建设的资源开发利用工程规模、市场供应情况等，说明现状资源开发利用程度。

2）对拟开发资源进行产品供需预测，如涉及国际市场的影响，供需预测要兼顾国外相关状况。

3）分析资源开发利用面临的形势和问题。

2. 资源开发条件分析

（1）资源储量。根据相关设计规范和拟建项目的性质、水文地质与资源勘察报告，分析计算资源可开采（可利用）储量，并明确选取依据和计算过程，确保资源开发项目建设的可靠性。

（2）资源品质与赋存条件。资源品质包括资源的类型、品种、品位、矿物组成、物理特性和化学特性等。资源赋存条件包括资源的地质构造、水文地质、埋深、厚度、矿体规模及产状、油气藏特征等，需分析资源赋存的稳定性，判断其是否满足项目开采技术方案要求，以及是否具备建设大型矿井或综合机械化开采的条件。

3. 资源开发方案

（1）开采规模方案。根据已批复的资源开发利用规划，在资源可开采储量、现状开发利用程度、未来资源需求预测等分析研究的基础上，比选提出拟建项目合理的资源开发（开采）规模和开发（开采）年限。在研究资源开发规模和开采强度时，应处理好资源近期开发量与远期开发量的关系，力求节约资源。

（2）开拓与开采方案。综合考虑资源赋存、外部建设条件、开发技术、装备水平等因素，经多方案经济技术比较论证，提出推荐的开拓开采方案。阐述矿产资源开拓方式、开采方法与工艺流程、生产能力和开拓运输方案等，分析有关资源损失率或回采率、贫化率等指标。对于分期开发的项目，应提出分期开发的阶段性目标。

（3）主要设备的选型。分析资源开发所需的采掘、提升、运输、排水、通风、压气等主要设备的选型情况。若是分期开发项目，应考虑各期设备的拓展方案与接口等。

（4）洗选加工方案。对于需要洗选加工的矿产资源开发项目，应综合考虑资源品质、市场定位、生产建设条件等因素，选择合理可行的洗选加工方案。阐述矿产资源洗选加工的工艺流程、厂房布置、设备选择等方案，并明确精矿品位、洗选回收率等内容。

4. 综合利用方案

综合开发利用包括共伴生矿产资源的开发利用和废弃物的综合利用等方面。对于有共伴生矿产的矿体，需提出综合开发、协同开采利用方案，提高共伴生矿产资源的综合开发利用能力。对于目前暂不能回收利用的部分，要提出可行的保护性处理措施。对矿产资源开发产生的废弃物，应提出资源化再利用措施，避免造成资源浪费和破坏矿区环境。

5. 资源开发效率分析

按照相关行业资源合理开发利用水平评价指标体系的要求，分析拟建项目资源开发利用效率指标，落实节约优先战略，防止资源浪费，实现开源与节流并举，提高资源开发利用效率，以保障经济社会可持续发展。

（1）金属矿产综合利用评价。金属资源开发利用评价指标包括矿山开采回采率、选矿回收率和综合利用率，具体控制指标值参见自然资源主管部门的相关规定。经矿产资源储量报告评价的共伴生有价金属，按元素种类应全部进行回收，具体回收率指标应综合当时的技术、经济条件以及选矿实验的评价结果来确定。采矿废石和选矿尾矿的利用，主要用于生产建筑材料以及采空区充填料，具体利用指标应根据当时的技术经济条件综合研究确定。

（2）油气资源开发利用评价。对于石油和天然气的开发项目，油气资源综合利用的重点在于采用先进的开采工艺，提高资源的采收率，其主要评价指标包括原油（天然气）采收率、回收率和共伴生资源综合利用率等。在油气资源的开采过程中，应全力回收与油气资源伴生的其他各类资源，尽量降低生产过程中的消耗资源量。其主要的评价指标为各类伴生资源的回收及利用率、油气处理厂的单位油气综合处理能耗指标、油气田单位产品生产油气综合利用指标等。

（3）煤炭资源开发利用评价。煤炭资源合理开发利用评价指标包括煤矿采区回采率、原煤入选率、煤矸石与共伴生矿产资源综合利用率等，是评价煤炭企业开发利用煤炭资源效果的主要指标。鼓励煤炭矿山企业合理开发与综合利用煤矸石与共伴生矿产资源，开发利用方案要对煤层气、黄铁矿、镁、铟、高岭土等矿产资源开发利用提出指标要求。

（4）水资源开发利用评价。重点分析所在流域或区域水资源开发利用控制红线、用水效率控制红线、水功能区限制纳污红线等"三条红线"情况。水资源开发利用控制红线主要分析拟建项目所在流域或区域用水总量，是否满足所在流域水量分配方案和所在行政区域取用水总量控制指标要求，并通过地表水资源开发利用率、地下水资源超采量、非常规水利用量等指标说明水资源开发利用情况。用水效率控制红线主要分析拟建项目所在区域、行业和供水对象的用水效率指标，包括人均综合用水量、人均生活用水量、亩均灌溉用水量、灌溉水利用系数、万元 GDP 用水量、万元工业增加值用水量、单方水 GDP 产出量、单方水粮食产量、单位产品耗水量、水循环利用率等，评价是否满足所在区域或全国先进水平。水功能区限制纳污红线主要分析所在地区水环境状况、项目建设后增加的入河湖污染物等，评价是否满足水功能区水质达标控制要求。

3.4.3 研究方法

包括情景分析法、资源环境承载力法、静态分析和动态分析等定性和定量相结合的方法。

3.4.4 应用说明

（1）资源开发方案适用于涉及自然资源开发的项目，包括金属矿、无机非金属矿、煤矿、石油天然气、建材矿及水利水电等开发项目，非资源开发类项目不进行相关研究。

（2）金属矿产资源开发项目主要侧重于主金属资源开发利用方案，伴、共生有价金属资源综合利用方案，"三废"（废气、废水、固体废弃物）综合利用分析和资源综合利用优化建议等内容。

（3）油气资源开发项目主要侧重于油气资源综合利用的主要措施分析、综合利用效果分析、综合利用水平分析和综合利用的优化建议等内容。

（4）水资源开发利用项目主要侧重于取用水合理性分析、取水和退水影响分析、水资源保护措施分析等内容。缺水地区的投资项目可行性研究还要加强非常规水利用分析，包括加强再生水、淡化海水、集蓄雨水、矿井水和微咸水等非常规水多元、梯级和安全利用；强制推动非常规水纳入水资源统一配置，逐年提高非常规水利用比例；再生水、集蓄雨水、微咸水等统筹用于农业灌溉和生态景观等方案研究。

模块 3.5　用地用海征收补偿（安置）方案

3.5.1　研究目的

用地用海征收补偿（安置）方案比较复杂，不仅涉及工程建设进度问题，而且直接影响项目总投资和经济效益，还涉及社会稳定问题。根据有关法律法规政策规定，确定拟建项目用地用海征收补偿（安置）方案，维护移民和利益相关者合法权益，保障工程建设顺利进行。

3.5.2　研究内容

用地用海征收补偿（安置）方案研究作为项目可行性研究的重要内容，为投资项目的实施进度、投资估算、财务评价、经济和社会影响分析提供依据。用地用海征收补偿（安置）方案研究不仅是技术和经济问题，也是社会问题。可行性研究所提出的用地用海征收补偿（安置）方案，应具有合法性、科学性、合理性和可行性，有利于提升移民安置效果、加快项目建设进度、减少社会矛盾及纠纷发生、减轻或消除相关社会风险。

1. 征地范围

工程建设征地范围包括永久征地范围和临时用地范围，水库工程征地范围还包括水库淹没区和因水库蓄水而引起的影响区。可行性研究应说明工程建设征地范围及确定方法，要求按照征地用途和土地用途分别加以说明。

2. 实物调查

调查是编制用地征收补偿（安置）方案、开展社会影响评价的基础，主要包括征地区和安置区的社会经济调查、实物指标调查等。调查范围和深度应符合有关行业相关设计规程规范。

社会经济调查是通过访谈、问卷等实地调查，收集征地区以及安置区的社会经济现状及发展趋势等资料，了解被征地和移民中不同群体的社会经济特征和意愿以及安置区原有居民对安置移民的心态和诉求，并对调查结果进行评价。

实物指标调查是对征地区和安置区的受影响土地、房屋、人口、工矿企业和专业设施等实物进行调查。土地现状调查应当查明各类土地的位置、权属、地类、面积，以及农村村民住宅、其他地上附着物和青苗等的权属、种类、数量等情况。房屋及附属建筑物调查应按照结构类别、用途、权属、高程和统一计量标准，逐单位、逐户全面调查统计。搬迁人口调查应以户为单位调查登记到人，包括姓名、住址、性别、民族、出生年月、文化程度、身份证号码、从事职业、户籍性质、户口所在地等情况。企业调查主要包括名称、类别、所在地点、高程范围、权属、职工、用地、房屋及附属建筑物、零星树木、基础设施、生产设施、设备、存货、生产经营状况或服务情况。矿产资源调查内容包括名称、所在地理位置、矿藏种类、品位、储量、矿藏埋藏深度及矿层分布高程、管理单位、隶属关系、已开采储量以及建设征地对矿藏开采的影响等。专业项目的调查内容包括交通运输工程、水电水利工程、电力工程、电信工程、广播电视工程、文物古迹及英雄烈士纪念设施等各类专业项目的类别、数量、权属及其他属性。

实物指标调查应由项目主管部门或者项目法人会同工程占地和淹没区所在地的地方人民政府实施，并在征地和拆迁所涉及对象权属人的参与下进行。实物指标调查内容应全面准确、公开透明，调查结果经调查者和被调查者签字认可并公示后，由有关地方人民政府签署意见。实物调查工作开始前，工程占地所在地的省级人民政府应当发布通告，禁止在工程用地范围内新增建设项目和迁入人口，并对实物调查工作做出安排。对于从项目规划到批复实施间隔较长的项目，应按照国家或地方政府有关规定安排实物指标复核调查，以复核确认的成果作为补偿安置的基础。

3. 土地征收补偿（安置）方案

依据有关法律法规、政策文件要求，在充分考虑征地安置影响区的经济社会情况、地方风俗习惯、生产生活习惯和资源环境承载能力的基础上，广泛听取影响区居民和地方人民政府的意见，因地制宜，统筹规划，提出土地征收补偿（安置）方案。

（1）征地补偿方案。征收土地应当依法及时足额支付土地补偿费、安置补助费以及农村村民住宅、其他地上附着物和青苗等的补偿费用，并安排被征地农民的社会保障费用。征收农用地的土地补偿费、安置补助费标准应根据省、自治区、直辖市制定并公布的区片综合地价确定；征收农用地以外的其他土地、地上附着物和青苗等的补偿标准，应根据省、自治区、直辖市相关规定执行。

（2）房屋征收补偿方案。依据土地管理相关法律法规、地方人民政府出台的相关政策和征收补偿标准确定房屋征收补偿标准。对其中的农村村民住宅，应当按照先补偿后搬迁、居住条件有改善的原则，尊重农村村民意愿，采取重新安排宅基地建房、提供安置房或者货币补偿等方式给予公平、合理的补偿，并对因征收造成的搬迁、临时安置等费用予以补偿，保障农村村民居住的权利和合法的住房财产权益。针对国有土地上房屋征收，对被征收单位及人口的补偿由具有资质的评价机构按照相应的评估办法确定，补偿的内容包括被征收房产和设施设备价值的补偿、造成的搬迁和临时安置的补偿补助、停产停业损失的补偿等。

（3）征地移民涉及的农村、城（集）镇基础设施建设、工业企业处理和专业项目处理，应按照原规模、原标准或恢复原功能的原则确定补偿标准。对于涉及少数民族居民搬迁安置的，应考虑宗教信仰和民族文化的差异性，因地制宜提出安置方式和安置标准。

4. 移民安置规划

对于涉及移民安置的大中型水利水电项目，需提出移民安置规划。

（1）移民安置的目标。移民安置的主要目标是使安置后受影响人的生产生活水平达到或超过原有水平，对受影响群体，应采取必要措施保护其应得到的权利：

1）确保各类受影响人能够按照重置价格得到他们全部损失的补偿、合理的安置与良好的发展机会，使其能够有机会分享项目的利益。

2）对于弱势群体，包括孤老、残疾、女户主家庭和贫困家庭等，应给予特别照顾，如协助建房、搬迁等。

3）征收农村未承包到户的集体所有土地，应补偿全部实际损失，这些补偿应主要用于发展集体经济或用于集体公共用途，或者根据多数群众的意愿，部分或全部分配给农民。

4）按照先补偿后搬迁、居住条件有改善的原则，保障受影响人居住的权利和合法的住房财产权益。

（2）农村移民安置方案。应根据移民原有生活水平及收入构成，结合安置区的资源情况及其开发条件、经济社会发展规划等，科学拟定移民安置规划的目标值。

根据征收农村集体经济组织土地的数量、征地范围内的住宅和人口数量确定的移民安置人口数量，分析安置区环境容量，编制移民安置方案。可行性研究阶段，应以行政村为单位分析移民安置区环境容量，确定农村移民安置标准、去向和方案，进行移民生产安置和搬迁安置的规划和典型设计，编制农村移民安置规划。

对于依赖土地为主要生计的征地移民，方案应优先推荐有土安置措施，协调和筹措土地资源并落实其权属。对于有土安置有困难的，应根据实际情况推荐其他安置（如养老保险、入股分红，留地安置等）措施，并规划配套实施就业培训、技能培训、信贷支持、提供就业机会等，以确保移民能建立合理的替代生计。

集中安置移民的居民点，应按照有利生产、方便生活和节约用地的原则进行规划布局，结合安置区的具体条件，合理配置供水、供电、交通和文化、教育、卫生等设施。

应根据当地的自然资源和生态环境、风俗习惯、文化宗教、劳动力素质等，有针对性地规划和实施生产恢复措施和扶持措施，保障征地搬迁后的移民生活水平不降低。方案还应明确生计恢复跟踪监测评价和动态调整机制。

（3）城镇、集镇迁建方案。受项目建设影响需要迁建的城镇、集镇，应根据受影响的程度、项目区交通网络和行政区划调整等情况，结合项目工程技术方案，开展异地迁建、工程防护、撤销与合并等多方案技术经济比选迁建方案。

迁建新址宜选择在地理位置适宜、地质稳定、防洪安全、交通方便、水源可靠的地点，贯彻节约用地、少占耕地的原则，还应与国家拟建的重要设施相协调，在恢复原有规模的基础上，考虑城镇、集镇未来发展规划，同时综合考虑进入城镇和集镇的移民，并为未来发展留有一定的空间。结合区域经济发展的规划，整合工程补偿外的多个渠道的项目资金，统筹规划和实施配套基础设施和科教文卫等公共设施。

（4）工业企业迁改建方案。根据社会经济调查结果，确定迁改建相关政策，论述迁改建项目的内容，确定工业企业迁改建原则，主要包括统一规划、分期实施，先建后迁、统筹安排，优迁劣汰、升级改造，资金使用效益最大化，社会和谐、环境友好。

根据迁改建原则，论证迁改建方案对项目（工业企业）产生的影响，提出迁改建方案，进行迁改建实施规划。

（5）专业设施恢复方案。迁改建完成后，应评价受损专业设施的使用价值，制定恢复方案。对于需要恢复的专业设施，应拟定相应的处理方案；对于不需要或难于恢复的，应给予合理补偿，并提出设施购置或更新工作的有关建议或意见。

（6）少数民族移民安置。对于涉及少数民族搬迁安置的投资项目，应阐述以下内容：

1）根据社会调查，分析受影响区特有的自然地理条件、生产方式、人际关系、社会结构、宗教信仰和风俗习惯等。

2）分析因地制宜选择生产安置和搬迁安置的条件、方式、生产扶持措施等。

3）分析不同移民的宗教信仰和民族文化的差异性，在尊重少数民族意愿的基础上确定安置方案。

4）涉及宗教设施的，需重点说明对可搬迁部分、不可搬迁部分以及宗教设施，并做出较为合理的补偿和安置，建立恰当的沟通协调和迁建程序。

5）规划对少数民族弱势群体的住房安置和帮扶措施。

5.用海用岛征收补偿方案

（1）征收补偿方案。对于涉及收回海域使用权的项目，应依据国家海域使用管理规定和相关省市用海补偿有关规定、技术标准，研究提出海域使用补偿方案。

海域使用补偿主要包括海域补偿费、种苗和海域附着物补偿费等。海域补偿费等于海域补偿标准基数乘以海域等级系数。海域补偿标准基数和海域等级系数，由省级人民政府根据用海类型、海域使用权价值、用海需求情况、对海域生态环境所造成的影响程度、国民经济发展状况以及社会承受能力等因素确定。海域补偿费由收回海域使用权的人民政府与原海域使用权人协商确定，但不得低于国家和地方规定的标准。种苗补偿费包括苗种成本和在养未成品的合理价值。海域附着物补偿费按照其重置价格并结合成新予以补偿。具体种苗和海域附着物补偿费由原批准用海的人民政府与原海域使用权人协商确定或者共同委托有资质的评估机构评估确定。

（2）利益相关者协调方案。项目用海用岛涉及利益相关者的，应根据有关法律法规政策规定等，确定利益相关者协调方案。

1）利益相关者界定。根据拟建项目所在海域开发利用现状和项目建设对资源环境影响的预测结果，分析项目用海用岛对周边海域开发活动的影响范围和影响程度。根据影响分析结果界定利益相关者，重点分析利益相关内容、涉及范围等。根据项目用海的特点、平面布置和施工工艺等方面的不利影响因素，分析利益相关者的损失程度，包括范围、面积、损失量等。

列出项目用海的利益相关者一览表，主要包括利益相关者名称、具体位置、利益相关内容、损失程度等。

2）相关利益协调分析。根据已界定的利益相关者及其受影响特征，分析项目用海用岛与各利益相关者的矛盾是否具备协调途径和协调机制，分别提出具体的协调方案，明确协调内容、协调方法和协调责任等，分析引发重大利益冲突的可能性，并附上已经达成的协议。

项目用海用岛需要与航道、锚地、通航、防洪、渔业等涉海部门进行协调的，宜明确协调方式和内容等。

3）项目用海对国防安全和国家海洋权益的影响分析。分析项目用海对国防安全、军事活动是否存在不利影响，明确项目用海是否涉及军事用海。若项目用海有碍于国防安全和军事活动的开展，应提出调整或取消用海的建议。

分析项目用海与国家海洋权益之间的关系，明确项目用海是否涉及领海基点、是否涉及国家秘密等。若项目用海有碍国家海洋权益，应提出调整或取消项目用海的建议。

6. 公众参与及申诉机制

征地移民安置过程中的公众参与对象主要包括项目征地范围内的受影响户、企业、村委会、地方政府和有关主管部门、项目单位，还包括设计单位、咨询评估单位等。应通过公众参与决策过程，最大限度地保障移民权益，保证补偿安置规划的合理性和可行性，提高安置效果，有效减少矛盾及纠纷的发生。

公众参与应贯穿于项目实施全过程，并在可行性研究阶段提出具体方案，确保征地移民安置活动取得成功。应根据农村集体土地征收基层政务公开标准指引等要求，明确公开事项和公开内容，规范公开流程，完善公开方式，切实维护人民群众的知情权、参与权、表达权和监督权。

征地移民过程公众参与不同环节的基本要求如下：

（1）项目前期及方案论证比选过程中，项目单位和设计单位应对移民和其他利益相关方进行有意义磋商，根据反馈的诉求和意见完善工程措施和确定项目用地范围，避让重要的、敏感的影响对象，尽可能降低征地和移民负面影响。

（2）实物量调查阶段的参与应包括征地公告、实物指标调查宣传、调查过程参与、调查成果签字确认以及调查成果公示和复核。

（3）社会稳定风险分析和评估阶段，应当对征收土地的社会稳定风险状况进行综合研判，确定风险点，提出风险防范措施和处置预案。社会稳定风险评估应当有被征地的农村集体经济组织及其成员、村民委员会和其他利害关系人参加，将评估结果作为申请征收土地的重要依据。

（4）征地补偿安置方案拟定后，应当进行公示，听取和征求受影响人意见，多数被征地的农村集体经济组织成员认为方案不符合法律法规规定的，应当由县级以上人民政府组织听证。

（5）实施过程中的公众参与主要包括生产安置、生活（搬迁）安置、补偿资金的分配和使用、后期扶持（适用于水库等项目）、工程验收等环节的信息公开，并听取和征求移民的意见，协商并达成协议。

（6）项目单位应整合正式和非正式的申诉机制，建立畅通的申诉渠道，及时解决移民或其他利益相关方提出的有关补偿和安置等相关问题。如项目单位可指定专人负责跟踪有关申诉处理，并在规定时间内回应申诉问题。对拟议的申诉无法解决时，可通过行政（行政复议、行政诉讼）或司法途径解决。

7. 机构职责及实施安排

分析征地移民过程中政府机构、项目单位、设计单位等机构的职责，确认负责征地移民的实施机构，评价其机构能力，提出机构能力建设的措施。项目单位应全程参与征地移民实施，在前期准备和可行性研究过程中应发挥主导作用，协调相关单位完成审批和准备工作；在征地移民实施过程中，项目单位应全程参与，参照土地管理相关法律法规要求，与地方政府共同协调处理征地移民问题。项目单位与地方政府、设计单位之间应建立协调机制，明确恰当的实施步骤和顺序及合作安排。对于实施周期较长的投资项目，针对设计变更、征地移民安置方案调整的情形，还应明确变更管理程序，提出对移民安置实行动态适应性管理的方案。

3.5.3　研究方法

实物指标调查的方法主要包括问卷调查、实地测量、资料收集、访谈法等。

土地征收补偿（安置）方案的研究方法包括环境承载力法、移民生产生活水平预测评价法等。

3.5.4　应用说明

（1）拟建项目需明确土地取得方式。涉及土地征收或海域使用权征收的项目，应根据有关法律法规政策要求，提出用地用海征收补偿（安置）方案，其编制内容和深度可根据征收范围、移民规模、投资额度、实施复杂程度及社会影响确定。

（2）拟建项目征地应根据土地管理法规，发布征收土地预公告，并开展拟征收土地现状调查和社会稳定风险评估。对于重大项目或征地影响较大的项目，地方政府以及相关职能部门应全过程介入。在可行性研究阶段，应在条件允许的情况下，开展土地与房屋征收的实物指标调查和受影响区域以及人群的社会经济调查。

（3）大中型水利、水电工程建设征地和移民安置执行《大中型水利水电工程建设征地补偿和移民安置条例》和相关规程规范的要求。对于交通、热电、环保、林业、农业、工业等尚未制定和颁布有关征地拆迁和移民安置部门规章及技术规范的行业项目，应结合不同项目及地区特点研究制定用地用海征收补偿（安置）方案，并参照土地管理相关法律法规规定和当地相关政策法规执行。对于申请国际贷款项目的用地用海征收补偿（安置）方案编制，按照国际贷款项目中的非自愿移民政策执行。

（4）用海用岛利益相关者协调方案可与（八）项目影响效果分析中社会影响分析相关内容统筹研究。

模块 3.6　数字化方案

3.6.1　研究目的

对于具备条件的项目，研究提出拟建项目数字化应用方案，包括技术、设备、工程、建设管理和运维、网络与数据安全保障等方面，提出以数字化交付为目的，实现设计—施工—运维全过程数字化应用方案。

3.6.2　研究内容

1. 项目数字化管理方案

具备条件的投资项目可研究需建立以项目单位为主导、数字化交付为目的的项目管理机制，在设计、建设实施、竣工验收、档案移交、资产交付、运营维护等全过程中的一个或多个环节应用数字化技术。纵向打通项目设计、施工、运维等主要环节的信息和技术壁垒，横向强化项目建设各参与主体之间的业务协同和模式优化,实现高效建设与顺畅运行。

(1)设计阶段。研究利用智能化设计工具,协同设计共享平台、统一的数据标准,统筹设计数据在施工、运维等阶段的应用需求,研究设计基于 BIM 等模型的正向三维协同设计管理方案,包括但不限于设计资料管理、设计进度管理、设计报审管理、设计变更管理、施工配合管理、报建管理等内容。

(2)建设实施阶段。围绕项目建设全过程、全要素、全参与方的数字化建造,通过利用 BIM、大数据、云计算、AI 等数字化软(硬)件工具集成,利用数字化项目管理共享平台与物料加工、施工现场、政府监管协同,并将建设单位、设计单位、施工企业、工程咨询机构等业务融合,构建以 BIM 三维施工模型为基础,将施工现场实际生产业务数据要素引入到数字化项目管理过程中,完成对项目建设的进度、成本、质量、安全等管理,科学推进建设组织管理。

(3)运营维护阶段。面向拟建项目在运营维护阶段的数字化应用,利用BIM、大数据和 AI 技术创建项目运维模型,以提高拟建项目的运维管理业务活动,优化运营和提升效率,完善对建设项目的空间管理数字化、设备维修管理在线化、项目运行管理智能化。数字化运维管理方案包括但不限于单系统和多系统联调仿真、维修计划管理、维修方案仿真、智能设备寻检、设备维保管理、技术状态管理、备品备件管理、可视化培训、隔离管理等。

(4)全过程一体化协同。研究建立项目单位主导、以数字化交付为目的的项目管理机制。纵向打通项目设计、施工、运维等主要环节的信息和技术壁垒,横向强化项目建设各主体之间的业务协同和模式优化,共同推进数字化招标采购、工程造价、项目管理、监理服务与智能设计、建造、运维的一体化,增进跨阶段、跨环节工作方法、操作流程与管理制度的融合协同,实现高效建设与顺畅运行。

2. 项目本身的数字化交付方案

工程项目在设计、施工、运维等环节采用数字化技术进行成果提交和智能辅助审批,加强数字化技术在项目管理全过程中的应用。

(1)交付内容。研究项目数字化交付的内容,包含工程单个阶段的成果以及工程竣工时最终的整体成果，具体包括：

1）工程各阶段的相关成果，如三维设计模型、数字化模拟和智能化建造模型、运维数据模型、协同平台以及相关报告、材料、图纸等。

2）项目验收需提交的各类工程管理和技术材料等。

（2）交付要求。研究数字化交付内容应满足的统一规定要求，包括但不限于分类编码体系、文件类型、模型交付要求、传输方式、数据质量评价标准、安全防护标准等。还应明确项目电子档案归档的时间、范围、技术环境、软件版本、数据类型和格式等归档要求，确保项目数据真实性、完整性、可用性和安全性。

（3）安全保护要求。研究项目涉及的项目管理系统及数据安全保护要求、平台服务器部署方式、电子签章与验证要求，存放电子档案管理系统及数据的计算机机房应满足计算机机房设计、安全技术、机房施工等相关规范。

（4）交付数据要求。研究项目数字化交付数据包含的范围，分为结构化数据和非结构化数据，其中结构化数据来源于各类结构化设计工具或数据库，包括二维的属性数据、系统设计参数、事故后果评价参数、三维模型的属性数据、图表等；非结构化数据包括图片、文本、准则、表单、记录等。

3.6.3　研究方法

（1）通过调查问卷、用户访谈、专家论证、德尔菲法等方法，明确项目数字化管理在实际应用中存在的状况和具体需求，并对调研收集到的大量资料进行归纳比较、综合分析，从而为数字化管理方案研究工作的开展提供可靠、翔实的基础数据及资料。

（2）通过对标同类项目数字化方案，采用结构化分析、内容标准化和路径规范化等方法，从项目前期、设计管理、投资控制、进度控制、质量控制、合同管理、运营管理等业务全流程进行分析研究，提出具体的项目数字化管理方案，进而为项目实施提供基础。

（3）基于BIM等数字化模型，从内容标准化和路径规范化等方面研究适用于当前项目数字化竣工交付的管理方法，进行关键交付需求的归纳，明确项目级的模型、属性参数及文档竣工交付标准，明晰各阶段交付内容的责任单位及范围，以便能够确保各项竣工交付内容及时完成，并完整、有序地传递给其他参与方直至项目结束。

（4）随着地理信息技术、物联网和大数据技术的发展，应推动诸如城市信息模型（CIM）、地理信息系统（GIS）、三维模型渲染技术、可视化分析技术、多源数据动态融合技术、知识图谱、自然语言识别等方法在数字化方案中的应用。

3.6.4 应用说明

（1）投资项目应遵循相关行业规范和要求，结合所属行业、项目类型和特点，研究确定数字化方案的具体内容、方法等。

（2）数字化方案原则上应基于当前成熟的数字化应用技术开展研究。

（3）推进数字化建设，要统筹考虑项目数字化方案和技术方案、设备方案、工程方案、运营方案和项目风险管控方案等，将数字化技术与传统方案深度融合。

模块 3.7 建设管理方案

3.7.1 研究目的

研究提出项目建设组织模式和机构设置，开展施工组织设计，制定质量、安全管理方案和验收标准，明确建设质量和安全管理目标及要求，提出拟采用新材料、新设备、新技术、新工艺等推动高质量建设的技术措施，明确招标范围、招标组织形式和招标方式，根据项目实际提出拟实施以工代赈的建设任务。

3.7.2 研究内容

1. 项目建设管理模式

在项目的可行性研究阶段，对于不同投资主体、不同类型和性质的拟建项目，从如何进行有效管理、提高工程效率、降低工程成本角度，研究国内外类似项目主要建设管理模式的优缺点和适用范围，结合拟建项目规模、复杂程度和项目法人技术水平及管理能力等因素，提出拟采用的项目建设管理模式、建设组织模式和与之匹配的机构设置，并说明推荐的理由。

2.施工组织设计

对于水利水电、铁路等项目，应研究提出施工组织设计。简述施工条件，并结合工程特点，经方案比选确定主体工程施工方法、施工工艺、主要材料供应方式，以及新材料、新设备、新技术、新工艺的应用等。分析拟建项目施工特性，明确施工工序、主要施工机械，提出施工总布置方案，明确主要工程量构成。

3.项目进度管理方案

根据项目工程建设方案，研究提出项目实施所需的工期，安排建设过程中各阶段的工作进度，以便合理分配使用资金，尽快形成生产能力。

（1）建设工期。项目的建设工期一般是指拟建项目从筹建之日到建成投产交付使用所需的全部时间，涵盖项目前期调研、论证和批复、设计、材料及设备采购、工程建设、设备安装与调试、机械竣工、生产准备、人员培训、联合试运转、竣工验收交付使用等各个阶段工作。

若项目涉及征地拆迁、三通一平等工作，征地拆迁审批及实施所需时间也应计入项目的建设工期。针对涉及大量征地和拆迁的投资项目，建设工期的确定应有针对性地制定满足项目按时完成征地拆迁、顺利为施工单位交地的保障方案。

（2）进度安排。确定项目建设工期后，应根据各阶段工作时序做出总体安排，充分考虑项目建设各阶段的工作内容、工作实际、工作程序、持续时间，同时兼顾好各阶段工作的有序穿插和相互衔接，明确项目关键路径，编制项目实施进度计划表。在确定项目总体进度安排时，还应考虑相关法律法规要求的各种行政许可审查和批复的时间等因素。

对于大型且复杂、投资巨大的投资项目，应根据项目总工期和分期建设计划，列出主要单项工程（主体工程和辅助工程）的建设起止时间及时序。

4.拟实施以工代赈的建设任务

以工代赈是指政府投资建设基础设施工程，受赈济者参加工程建设获得劳务报酬，以此取代直接赈济的一项扶持政策。除使用以工代赈专项资金实施的以工代赈项目外，使用政府投资的农业农村基础设施建设项目、重点工程项目，在确保项目质量、进度和效率的前提下，对能够用人工的建设任务和用工环节，采取以工代赈方式实施，可以为当地提供更多工作岗位，吸纳带动更多当地群众就近就业增收。可行性研究应针对拟建项目特点，在原有施工组织方式基本不变的情况下，提出拟实施以工代赈的建设任务。

使用以工代赈专项资金实施的以工代赈项目，推广"公益性基础设施建设＋劳务报酬发放＋就业技能培训＋公益性管护岗位开发"和"产业发展配套基础设施建设＋劳务报酬发放＋就业技能培训＋资产折股量化分红"等综合赈济模式，按照"能用人工尽量不用机械，能组织当地群众务工尽量不用专业施工队伍"的要求，组织项目所在县域内农村劳动力、城镇低收入人口和就业困难群体等参加工程建设。劳务报酬占中央资金比例应根据国家有关规定进行适当提高。按照招标投标法和村庄建设项目施行简易审批的有关规定要求，以工代赈项目可以不进行招标。符合村庄建设项目施行简易审批相关要求的，可行性研究可简化用地、环境评价、乡村规划许可、施工许可等审批手续。

农业农村基础设施建设项目中，投资规模较小、技术方案相对简单、用工技能要求不高的农村生产生活基础设施，农村小型交通、水利、文化旅游和林业草原等建设任务，可以采取以工代赈方式实施。按照招标投标法和村庄建设项目施行简易审批的有关规定要求，农业农村基础设施建设领域推广以工代赈方式项目可以不进行招标。对于经认定为推广以工代赈方式的建设任务，应严格落实组织群众务工、开展就业技能培训等以工代赈政策要求，及时足额向当地农村群众发放劳务报酬，尽量提高项目资金中劳务报酬发放比例。

使用政府投资的重点工程项目，如交通、水利、能源、农业农村、城镇建设、生态环境、灾后恢复重建等，应挖掘主体工程建设及附属临建、工地服务保障、建后管护等方面用工潜力，尽可能通过实施以工代赈帮助当地群众就近务工实现就业增收。可行性研究应明确适用以工代赈的建设内容和用工环节等政策要求，项目相关招标投标、签订劳务合同过程中应明确当地群众用工和劳务报酬发放要求等。

国家鼓励非政府投资的重点工程项目采取以工代赈方式扩大就业容量。引导民营企业、社会组织等各类社会力量采取以工代赈方式组织实施公益性帮扶项目。

5. 工程建设质量管理方案

质量是项目管理的重要任务目标之一，质量管理贯穿投资项目从筹建之日到建成投产交付使用的全过程。应充分识别项目建设目的和需求，针对拟建项目的性质、使用功能、建设规模、系统构成以及建设标准要求等进行分析论证，提出拟建项目的质量总目标和要求，各单项工程的质量目标和要求，以及各参与单位的质量管理目标和要求。

可行性研究阶段需建立质量管理体系，提出质量管理和质量控制的基本要求，通过拟建项目各参与方质量管理责任和职能活动的实施，达到质量管理要求。

（1）全方位质量管理。提出建设工程项目的全面质量管理方案，包括工程（产品）质量和工作质量；提出工程项目利益相关各方（监理单位、勘察单位、设计单位、施工总包单位、施工分包单位、材料设备供应商等）质量管理方案建设要求。

（2）全过程质量管理。提出工程建设全过程（主要包括项目策划与决策过程、勘察设计过程、施工采购过程、施工组织与准备过程、设备安装过程、试运营过程等）质量管理方案，要求根据工程质量的形成规律，从源头抓起，全过程推进。

（3）全员参与质量管理。提出全面、全员质量管理方案，将质量总目标逐级进行分解，使之形成自上而下的质量目标分解体系和自下而上的质量目标保证体系。拟定项目管理组织机构内部的每个部门和工作岗位质量职能，发挥项目管理组织机构内部每个工作岗位、部门或团队在实现质量总目标过程中的作用。

6. 项目安全管理方案

施工安全是项目建设的必要条件，在可行性研究阶段需根据项目的性质、建设规模、系统构成、建设标准、建设地点等因素，对项目不安全因素进行初步识别，提出拟建项目的安全管理总目标和要求、各单项工程的安全管理目标和要求，以及各参与单位的安全管理目标和要求。

7. 项目招标方案

可行性研究应根据有关法律法规和规章制度，并结合拟建项目实际情况提出项目招标方案。项目招标方案具体包括勘察、设计、施工、监理以及与工程建设有关的重要设备、材料采购等招标范围，以及拟采用的招标方式和招标组织形式。

（1）招标范围

根据相关法律法规和规章中对必须招标的项目具体范围和规模标准等相关要求，确定拟建项目招标范围。依法必须进行招标的项目，若申请不招标应符合相关法规规定的特定条件，并提出理由及相关证明材料。不得将依法必须进行招标的项目化整为零或者以其他任何方式规避招标。

（2）招标方式

招标方式包括公开招标和邀请招标，应依照法律法规和规章制度确定项目拟采用的招标方式。依法应当公开招标的项目，若采用其他方式应符合相关法规规定的特定条件，并提出理由及相关证明材料。

（3）招标组织形式

招标组织形式包括自行招标或委托招标。招标人具有编制招标文件和组织评标能力的，可以自行办理招标事宜。依法必须进行招标的项目，招标人自行办理招标事宜的，应提交有关专业技术力量、专职招标业务人员和招标经验的说明及相关证明材料，并向有关行政监督部门备案。

3.7.3　研究方法

施工组织方案主要通过收集、整理类似已完工案例，总结其成熟且有益的现场经验，结合拟投资建设项目的工程特点、项目性质、技术方案、工艺流程以及项目工期、工程质量、安全环保等一系列要求，研究并编制符合拟建项目实际需要的施工组织方案。

项目质量管理建立在项目对象分解结构（PBS）、工作分解结构（WBS）、管理组织分解结构（OBS）的基础上，进行全面质量管理（TQC），主要工具有计划－执行－检查－处理（PDCA）循环、分层法、因果分析图法、系统图法、矩阵图法等。

项目安全管理主要工具有 SWOT 分析法、风险矩阵法（RM）、作业条件危险性评价法（LEC）、故障树分析（FTA）、事件树分析（ETA）等。

3.7.4 应用说明

（1）投资项目进度、质量、安全管理方案应结合项目实际情况，因地、因时制宜，统筹安排、综合平衡、妥善制定。

（2）应充分考虑新技术、新工艺、新材料和新设备应用，以及相关行政审批（服务）手续办理、项目土地取得方式和征地移民等准备工作进展时间要求，统筹制定项目实施进度计划。

（3）对于涉及以工代赈的项目，需研究提出项目以工代赈建设任务。

四、项目运营方案

项目运营方案是从项目未来有效运营的角度，研究项目拟采用的运营管理及运营组织、产品生产和运营服务方式、安全保障和绩效管理方案等，对项目正常生产或运营服务所必需的组织机构、人力资源配置、原材料和燃料动力等运营保障条件提出要求，确保满足产品或服务质量、安全标准，以及项目运营的有效性与可持续性。

模块 4.1　运营管理模式

4.1.1　研究目的

提出项目运营管理模式，包括确定项目运营主体、明确其运营管理职责等。

4.1.2　研究内容

1. 确定运营管理模式

项目运营管理可采用自主运营或委托第三方机构负责等模式，应在综合考虑项目性质、规模、风险及投资者自身能力等因素的基础上，推荐项目运营管理采取的模式。无论项目运营主体如何选择，均不能免除项目法人单位承担的运营责任和义务。

（1）自主运营。自主运营管理需要投资者具备足够的资金、人力、物力等资源来支持运营管理工作，全面了解和把握市场状况和竞争情况，同时还需要投资者明确运营管理的岗位职责要求，以落实运营责任。

（2）委托第三方运营。如果委托运营，可采用直接委托或招标等方法择优选取第三方机构，同时需要对第三方机构的资质、信誉、管理水平等进行调查和评估，确保其能够胜任管理运营工作。

应提出委托第三方管理运营的要求和标准，确保项目运营管理有明确的目标和规划，并对第三方的管理绩效进行监督和考核。

选择第三方运营机构可考虑以下基本原则：

1）专业性强，有完善的运营管理体系。

2）运营管理经验丰富，专业人才充分。

3）有成熟的团队，运营成本相对较低。

4）资质、品牌与信誉能够满足相关要求。

5）能够有效降低运营风险，提高运营绩效。

2. 运营管理主要职责

根据项目的性质、特点和生产经营需要，确定项目运营主体的职责及相关要求。主要包括：

（1）保障产品正常生产或提供服务的能力。

（2）产品及服务质量满足相关法律法规和国家、行业、地方等标准要求。

（3）项目的运营技术经济指标达到设计要求。

（4）安全生产、职业卫生健康、设备设施维修和改造、各种应急管理措施得到有效执行。

（5）严格履行运营管理义务，符合国家有关监管要求，保障公共利益。

（6）收取项目生产经营产生的收益，追收欠缴款项等。

（7）执行所签署的项目运营协议中的其他责任和义务。

经营性项目还应结合财务方案研究收入和成本方案，进一步明确运营管理机构对该类项目运营的职责，以支撑项目整体投资收益的实现。

4.1.3 研究方法

常用研究方法包括但不限于系统分析法、文本调查法、现场调研法、案例调查法、分析归纳法、专家访谈法、方案比选等方法。

4.1.4 应用说明

运营管理机构的选择要充分考虑运营团队在类似项目运营管理方面的经验、运营管理制度体系的完善程度等因素，同时要求运营管理机构在项目运营管理实施前，必须明确各关键岗位的主要负责人，制定详细的运营管理方案，提交给项目单位进行审核。对于运营管理机构能力可能存在的不足，应在可行性研究中提出组织机构能力建设的要求。

模块 4.2　运营组织方案

4.2.1　研究目的

研究拟建项目运营组织机构设置、人力资源保障和员工培训方案，提出项目在合规管理、治理体系优化和信息披露等方面的要求，确保项目能够持续稳定运营。

4.2.2　研究内容

1. 运营组织机构方案

根据项目特点和生产经营的需要，提出项目运营组织机构设置方案，并对该机构应具有的专业能力提出要求。可按照项目生产、运输、销售、技术和生产管理、财务成本核算、环境健康安全社会（EHSS）管理和责任投资（ESG）管理等职能的需要，提出运营组织机构设置方案。

对于政府和社会资本合作项目，可行性研究应明确项目公司（SPV）组建方案、主要出资方和股权结构。如果政府采取资本金注入方式与社会资本方合作组建项目公司，应明确政府方出资代表及在项目公司中的出资比例，以及各出资方在项目公司中的权力与义务。

2. 人力资源的配置

组织机构设置方案确定后，应确定各类运营人员（包括管理人员、生产人员和其他人员）的数量和配置方案，以满足项目生产运营的需要，具体可包括：

（1）项目运营人力资源配置需要进行有效规划，研究制定符合鼓励创新、合理配置、准确评价、适当激励等要求的管理方案，并提出劳动生产率等指标要求。

（2）根据运营组织机构岗位设置、人员规模结构、管理人员流动率、组织发展需要等因素，综合确定管理人员配置方案。

（3）根据投资项目所属行业特点以及运营需要，提出生产运营岗位需求，确定合理的工作制度与运转班次，提出员工配置的数量、结构和导向性要求（如女性员工比例）、薪酬（特别是高管薪酬占比和最低劳动工资）及其所需的劳动技能和文化素质要求。

（4）根据投资项目的特点，应对项目质量、安全、环境和社会风险等管理岗位的职责和人员安排提出相应的要求。

（5）明确员工的综合福利、待遇水平（如公积金和社会保险）和劳动权益，合理配置现场生活设施，鼓励和保证员工参与公司治理过程。

（6）提出员工选聘方案，提出选聘过程应坚持公开透明、公平公正等要求，并在同等条件下优先考虑适当比例的本地居民就业。

（7）根据项目运营内容，提出各类运营管理人员到位时间要求。对于设计、建设对运营服务内容和质量影响较大的项目，提出核心管理人员及业务人员到位时间应适度前置的相关要求，强调以实现经营目标为导向，确保相关人员及时参与到项目前期设计、建设的相关工作中。

3. 员工培训需求及计划

（1）提出关键岗位工程技术和管理人员以及操作运行人员等重点员工培训计划，保证项目建成后顺利投入生产运营。

（2）根据项目特点和不同阶段要求，提出合理安排有关项目管理（特别是有关动态适应性管理）、环境保护、社区沟通与关系处理、社会包容（例如性别无歧视）、社会责任履行等能力相对不足领域的培训计划。

4. 合规运营与管理优化

合规运营和管理优化是保持项目可持续发展的内在要求，也是防范违规风险的基本前提。可行性研究应对合规运营管理、优化管理制度和运营体系以及项目信息的合规披露提出明确要求。

合规运营与管理优化应满足以下要求：

（1）科学配置运行机制，不断优化和完善治理体系。

（2）建立合规文化，制定合规手册，防范合规风险。

（3）加强合规管理制度与文化的管理培训。

（4）建立并完善合规信息与数据管理系统。

（5）规范项目运营过程中各项信息数据披露程序和要求。

4.2.3 研究方法

组织机构设置流程通常包括战略对接、选择类型、设计部门、划分功能和确定层级等。

人力资源配置方法主要包括劳动效率法、设备计算法、劳动定额法、岗位计算法、比例计算法以及职责（业务）分解法。

4.2.4 应用说明

（1）项目的运营管理过程是不断变化的过程，其组织机构和人力资源需求也会随项目运营情况的变化而发生改变。因此，项目的组织机构和人力资源配置与组合也需要进行动态管理和优化调整，在动态中求得平衡。

（2）人员培训计划应与项目运营需求相衔接，以保证项目能够顺利运营。可行性研究阶段应提出人力资源培训需求和员工能力建设方案，并估算相关费用。

（3）运营组织机构设置方案应符合《中华人民共和国公司法》和国家有关规定的要求。

模块 4.3 产品生产方案

4.3.1 研究目的

明确项目在产品生产过程中所需的主要原材料、燃料动力等保障方案以及维护维修方案，保障各种资源在项目全生命周期搭配适当、协调有力，以便更有效地形成生产力，并降低生产成本。

4.3.2 研究内容

1. 产品生产经营计划

制定产品生产经营计划应明确生产负荷。生产负荷是指项目实际经营中达到设计能力的百分数，其高低与项目复杂程度、技术成熟程度、市场开发程度、原材料供应、配套条件、管理能力等影响因素有关。分年生产负荷可根据市场预测的结果，结合上述影响因素予以确定，据此制定分年生产经营计划，进而确定各年产出数量。

2. 产品质量安全保障方案

产品的质量及安全性，是保障拟建项目能够稳固且持续运营的重要基础。可行性研究应提出产品质量标准及质量安全保障措施，以保证稳定的产品质量，向社会、用户提供优质安全产品。

3. 原材料供应保障方案

（1）原材料的品种、质量、性能分析。原材料是项目建成后生产运营所需的主要投入物。可根据产品方案和技术方案，研究确定所需原材料的品种、质量和性能。

（2）原材料需求量。可根据项目产品方案提出的产品类型、品种、规格，以及建设规模和物料消耗要求，分析计算各种物料在各不同生产周期内的消耗量。根据生产周期、生产批量、采购运输条件等，计算各种物料的正常储备量、保险储备量、季节性储备量和物料总储备量，并以此作为生产物流方案（含运输、仓储等）研究的依据。

（3）原材料供应方案比选。可根据项目生产所需原材料的市场分析，研究主要供应商的概况、供应周期、供应方案以及供应的稳定性与可靠性等情况。计算说明有关生产单位之间的物料平衡，并提出优选方案。

（4）对于稀缺原料，应分析其市场来源安全性、可靠性、市场价格以及运输安全便捷性与经济合理性。涉及进口的关键原材料、器件或设备，应说明进口的理由，并充分考虑跨境贸易及产业供应链风险。

4. 燃料动力供应保障方案

（1）根据项目具体情况，研究产品生产、公用和辅助设施，以及其他设施运营等所需燃料动力。

（2）根据项目所在地的燃料动力供应条件和项目对燃料动力类别的需求，以及环境保护及碳排放等相关要求，通过技术经济比较，确定燃料动力类别、数量和质量指标。

（3）研究燃料动力来源、价格、运输条件。需要特殊运输方式和特殊保护措施的辅助材料供应方案，须作重点说明。

5. 产品的维护与维修方案

研究拟建项目在生产运营期间，根据其生产的产品性质、用途及生命周期等，对在一定期限内因产品质量问题而出现的故障提供维护、维修及保养服务等要求，以及所需零配件费用等解决方案。

6. 生产经营有效性与可持续性

应结合市场需求分析中对产品销售的市场前景、竞争对手，以及产品的研发投入等做出的研究和评估，提出拟建项目的生产经营持续有效和可持续发展的方案与措施。

4.3.3 研究方法

常用研究方法包括但不限于案例调查法、专家访谈法等。

4.3.4 应用说明

（1）产品生产经营计划或分年生产负荷的确定不应是固定的模式，应强调具体项目具体分析。一般开始投产时负荷较低，以后各年逐步提高，提高的幅度取决于各种影响因素的分析结果。应考虑有些项目的产出寿命较短，更新快，达到一定负荷后，在适当年份开始减少产量，甚至适时终止生产等情况。

（2）针对产品生产类项目，不同行业的原材料和燃料动力供应的品种、数量和来源各不相同，应结合项目需求和产出方案进行具体分析。由于投资项目生产经营过程的不均衡性，资源的需求和供应也会呈现出相应的不均衡特性，可行性研究需要研究资源的供应、采购和运输等方案，并提出进行全过程监督控制的措施与建议。

（3）对于涉及多业态融合发展的投资项目，分别研究各产业的原材料和燃料动力供应保障方案，围绕项目上游供应链、内部生产运营价值链、下游分销链和客户群等因素，提出拓展经营领域的措施方案，以促进原料基地、物流供应、产业生态等跨界融合发展，催生新产业、新业态、新模式。

（4）对于关键技术、专有品牌或原材料供应来源于境外的投资项目，要充分考虑供应链风险，提出防止被"卡脖子"的应对措施方案。

（5）主要及关键原材料和燃料动力供应方案应通过多方案比选确定，在满足生产产品的类别、质量、性能、数量等条件下，可从采购的可靠性、稳定性、安全性，供应的可靠性和保障程度，价格（含运输费）的经济性及可能的风险等方面进行比较。

模块 4.4　运营服务方案

4.4.1　研究目的

明确项目运营服务内容、执行标准、服务流程、工作量计量、运营维护与修理方案，以及对运营服务效率的要求等内容，以便项目建成运营后，能够提供高质量、高水平和高效率的服务产出。

4.4.2　研究内容

可行性研究根据拟建项目运营服务产出内容，结合应遵循的服务标准、服务流程，以及服务供给计划和工作量计量等要求，提出运营服务方案。

1. 运营服务内容

涉及运营服务的投资项目不仅包括与经济发展密切相关的能源、交通、水利、生态环保、园区开发、农业林业、仓储物流等行业，也包括物联网、工业互联网、人工智能、大数据、大科学装置等新型基础设施行业，以及与人民生活密切相关的教育培训、商贸旅游、餐食文化、医疗健康等公共服务领域。运营服务内容根据项目单位要求、建设内容、项目产出等因素综合确定。

2. 运营服务标准

对于不同类别的项目，其运营服务的范围和目的不同，执行的法律法规和相关规程规范也不同。应根据其运营服务的内容，从维护公共利益、提高运营服务效率、节约运营成本等角度，提出应采用的运营服务标准和规范。

3. 运营服务供给计划

运营负荷是指项目实际运营中达到设计服务能力的百分数。分年运营负荷可根据项目性质、产出特性、市场开发程度等因素予以确定，并据以制定分年运营服务供给计划，进而确定各年服务供给量。

明确项目所提供服务的计量方法、计量标准、计量程序。

4.运营服务流程方案

在可行性研究阶段，由于运营服务类项目所对应的服务对象不同，其服务内容及环节会有很大的差别。应根据具体的运营服务内容和标准，对项目运营服务的主要流程及关键环节提出具体要求。

5.运营维护与修理方案

根据项目实际情况，明确日常运营维护的范围和技术标准、日常运营维护记录和报告制度、大中修方案及其相关资金筹措和使用管理规定等事项。

6.更新改造和追加投资方案

对于需要更新改造和追加投资的运营服务项目，应分析更新改造的必要性与可行性、追加投资的范围、实施方案、投资控制、补偿方案等，并提出合理利用现有场地、设施，确保新增设施与原有设施协调配套的措施方案要求。

4.4.3 研究方法

常用研究方法包括但不限于案例调查法、专家访谈法等。

4.4.4 应用说明

（1）鼓励项目运营服务的模式创新，充分挖掘项目的商业价值，提供项目运营、维护服务综合解决方案。在确保公共利益的前提下，提高项目合理投资回报水平。可行性研究应提出服务模式创新的具体内容，并研究其可行性。

（2）对于大型复杂项目，运营服务方案应提出调度原则和调度方式，制定调度方案。必要时应进行多方案比选，给出推荐方案。方案比选可重点考虑是否满足相应的标准及规范要求，运营服务的可靠性、稳定性、时效性，运营服务收费方案、经济性及可能产生的风险等事项。

模块 4.5 安全保障方案

4.5.1 研究目的

统筹安全与发展，明确安全生产责任和应急管理要求，强化运营单位安全保障的主体责任，守住安全生产底线。

4.5.2 研究内容

（1）设置安全及卫生保障机构。提出安全生产及卫生健康的责任主体、机构设置及相应管理人员配置要求。

（2）建立安全及卫生管理体系。明确各级安全生产管理责任，提出建设安全卫生管理体系的具体要求。

（3）安全及卫生健康措施方案。根据项目行业特征，分析拟建项目运营管理中存在的危险因素及其危害程度，提出相应的安全生产及卫生健康措施方案。

涉及物联网、信息技术和人工智能等领域的项目，应针对数据泄露、数据篡改、数据滥用、违规传输、非法访问、流量异常等网络信息及数据等安全问题，提出切实可行的应对机制和防范措施。

涉及供应链安全的项目，应分析论证供应链系统中可能存在的"断供"风险，提出相应的风险防控措施和强链固链方案。

（4）制定安全应急管理预案。提出生产安全事故与紧急卫生防疫的应急管理预案，主要包括应急组织机构及职责、应急响应、处置措施、应急保障和应急演练要求等内容。

4.5.3 研究方法

常用研究方法包括但不限于系统分析方法、案例调查法、专家访谈法等。

4.5.4 应用说明

（1）安全卫生方案的制定应遵循安全生产与卫生健康管理相关法律规定要求。对于项目的消防安全、交通安全、特种设备操作安全有特殊规定的，应适用其规定。

（2）按照行政许可相关法律规定，对于直接关系公共安全、人身健康、生命财产安全的重要设备、设施、物品，需要严格遵循相关技术标准和技术规范要求，并履行检验、检测、检疫等审定程序，取得相应行政许可。

（3）安全保障应强调从源头上查找和消除安全风险，制定并落实安全保障方案，从而降低危险事件发生的可能性和严重性，重点关注事项包括：

1）在研究比选工艺技术方案时，应尽可能选用安全生产和无危害的生产工艺和设备。

2）对危险部位和危险作业应提出安全防护措施方案。

3）对危险场所，按劳动安全规范提出合理的生产工艺方案和设置安全间距。矿井开采及隧道掘进项目应提出防止瓦斯爆炸、矿井涌水、塌方冒顶等技术和安全措施方案。

4）对易产生职业病的场所，应提出防护和卫生保健措施方案。

5）对网络信息与数据应提出明确的保护要求和措施，制定各种可能的应急预案。

6）为保障产业供应链安全，应提出优选合作伙伴、完善战略合作伙伴关系和风险应对措施方案。

模块 4.6　绩效管理方案

4.6.1　研究目的

研究制定项目关键绩效指标和绩效管理机制，提出项目主要投入产出效率、直接效果、外部影响和可持续性等管理方案，提升项目全生命周期绩效。

4.6.2　研究内容

1. 项目全生命周期关键绩效指标

主要围绕项目建设的适当性、效率、效果、影响和可持续性等评价要素以及项目投入、产出、直接目的和宏观目标等角度提出绩效评价指标。

2. 绩效管理机制

对于需要在项目运营期进行绩效评价的项目，应在可行性研究中提出建立绩效管理机制的具体要求，包括绩效管理机构设置及人员配置、绩效计划制定、绩效考核评价及反馈、绩效激励及考核结果应用等。

4.6.3　研究方法

常用研究方法包括但不限于逻辑框架法、关键绩效指标法、专家访谈法等。

4.6.4　应用说明

（1）政府投资项目可行性研究阶段主要建立绩效管理机制和评价指标；运营

管理及服务的绩效评价主要基于实际绩效指标表现与可行性研究阶段的预期指标表现的偏差及其原因分析，既是对项目绩效考核和运营绩效监管的需要，也是投资项目建成并投入运营服务后，对投资项目进行后评价的需要。

（2）大型、复杂及分期建设项目，应按照子项目分别确定绩效目标和评价指标体系，并说明影响项目绩效目标实现的关键因素。

五、投融资与财务方案

项目投融资与财务方案是从项目法人角度，采用市场价格或以市场价格为基础的预测价格，对项目的融资方案和财务可行性进行研究。在确定拟建项目投资需求和项目自身盈利能力的基础上，分析形成融资方案，并通过计算有关财务评价指标，判断项目财务合理性，明确项目对利益相关主体的价值贡献，为项目投资决策、融资决策和项目运营以及财务管理提供依据。

模块 5.1　投资估算

5.1.1　研究目的

在项目产出方案、建设规模、建设方案、运营投入等研究的基础上，分析项目建设和投入运营所需的全部资金量，包括项目建设期间所需的建设投资、运营期间所需流动资金以及相应的建设期融资费用，并在此基础上明确建设期的分年度投资计划。

5.1.2　研究内容

项目总投资是指项目建设和投入运营所需要的全部投资。项目投资估算要按照科学合理的方法，测算投资项目从筹建、施工至投产所需的建设资金、运营阶段所需的流动资金，以及相应的建设期融资费用。

1. 建设投资估算

项目建设投资由工程费用、工程建设其他费用和预备费三部分构成。其中工程费用包括建筑工程费、设备购置费和安装工程费，按照项目单项工程分别估算。工程建设其他费用和工程预备费用按照整体项目估算。

（1）建筑工程费估算。建筑工程费是指建筑物（如工业建筑、民用建筑等）和构筑物（包括桥涵、道路、水工、水塔、水池等）等土木工程建设所需全部费用。

建筑工程费通常包括下列内容：

1）各类房屋建筑工程和列入房屋建筑工程概（预）算内的供水、供暖、卫生、通风、照明、煤气等设备费用及装设、油饰工程的费用；列入建筑工程概（预）算内的各种管道、电力、电信和电缆导线等的敷设工程费用。

2）设备基础、支柱、工作平台、烟囱、水塔、水池、灰塔等建筑工程费以及各种窑炉的砌筑工程及金属结构工程的费用。

3）建设场地的大型土石方工程、施工临时设施和完工后的场地清理等费用。

4）矿井开凿，井巷掘进延伸，露天矿的剥离，石油、天然气钻井工程，修建铁路、公路、桥梁、水库、堤坝、灌渠及防洪等工程的费用。

（2）设备购置费估算。设备购置费是指为购置或自制达到固定资产标准的设备、工器具及生产家具等所需费用。设备购置费主要包括国内设备购置费、进口设备购置费、备品备件购置费和工器具及生产家具购置费。

1）国内设备购置费。国内设备购置费分为国产标准设备和国产非标准设备购置费。国产设备原价一般指的是设备制造厂的交货价或订货合同价，即出厂（场）价格。一般根据生产厂或供应商的询价、报价或合同价确定。

国内设备运杂费包括运输费、装卸费、供销手续费和仓库保管费等，可根据拟建项目所在地区规定的运杂费率，按设备原价的一定百分比计算。

2）进口设备购置费。进口设备购置费由进口设备货价、进口从属费用及国内运杂费构成。

进口设备货价按交货地点和方式的不同，分为离岸价（FOB）与到岸价（CIF）两种价格，一般多采用离岸价。离岸价（FOB）是指出口货物运抵出口国口岸交货的价格；到岸价（CIF）是指进口货物抵达进口国口岸交货的价格，包括进口货物的离岸价、国外运费和国外运输保险费。进口设备货价可依据有关生产厂商的询价结果、生产厂商的报价及进货合同价等研究确定。

进口从属费用包括国外运费、国外运输保险费、进口关税、进口环节消费税、进口环节增值税、外贸手续费和银行财务费。

国内运杂费是进口设备由本国到岸港口或边境车站起至项目现场仓库（或指

定的需安装设备的堆放地点）止所发生的运费和装卸费。国内运杂费由运费、运输保险费、装卸费、运输包装费和仓库保管费等费用构成。

3）备品备件购置费。备品备件购置费是指设备购置时随设备同时订货的首套备品备件所需的费用。在大多数情况下，设备购置费估算包含备件价格，不必另行估算。如果备品备件购置费需要另行估算，应按设备原价及有关专业概算指标（费率）进行估算。

4）工器具及生产家具购置费估算。工器具及生产家具购置费是指按照有关规定，为保证新建或扩建项目初期正常生产必须购置的第一套工卡模具、器具及生产家具的购置费用。一般以国内设备原价和进口设备离岸价为计算基数，按照部门或行业规定的工器具及生产家具费费率计算。

（3）安装工程费估算。安装工程费是指用于设备、工器具及生产家具等的组装和安装，以及配套工程安装所需的费用。其中，设备安装工程费包括下列内容：

1）生产、动力、起重、运输、传动和医疗、实验等各种需要安装的机械设备装配费，与设备相连的工作台、梯子、栏杆等设施的工程费用，附属于被安装设备的管线敷设工程费用，以及被安装设备的绝缘、防腐、保温、油漆等工作的材料费和安装费。

2）为测定安装工程质量，对单台设备进行单机试运转、对系统设备进行系统联动无负荷试运转工作的调试费。

（4）工程建设其他费用估算。工程建设其他费用是在项目建设期内由于项目整体需要，预计或实际发生的与土地使用权取得、工程项目建设以及未来生产经营有关的，除工程费用、预备费、建设期融资费用、流动资金以外的费用。

工程建设其他费用内容较多，且随行业和项目的不同而有所区别。估算时，具体科目及取费标准应根据项目实际情况设置，并依据项目所在地政府部门的有关规定或由当地市场供求双方协商确定。政府投资项目不得使用高于政府规定的标准取费。常见的工程建设其他费用包括项目建设管理费、土地使用费、生态补偿与压覆矿产资源等补偿费、工程准备费、城市基础设施配套费、人防易地建设费、工程咨询服务费、研究试验费、特种设备安全监督检验和计量设备仪表标定费、专利及专有技术使用费、联合试运转费、生产准备费、工程保险费等。

（5）预备费估算。预备费是为应对在建设期内各种不可预见因素发生而预留的可能发生的费用，包括基本预备费和涨价预备费。

1）基本预备费估算。基本预备费又称工程建设不可预见费，是指难以预料的工程费用，如经批准的设计变更、工程变更、材料代用、局部地基处理等增加的费用，一般自然灾害造成的损失和预防自然灾害所采取的措施费用，竣工验收时为鉴定工程质量对隐蔽工程进行必要的挖掘和修复的费用等。

2）涨价预备费估算。涨价预备费是为项目在建设期内由于价格上涨可能引起工程投资增加而预留的费用。

2. 建设期融资费用估算

建设期融资费是指在建设期内为筹措项目债务资金发生的资金筹集费和资金占用费。其具体估算内容和估算方法详见"模块 5.4　融资方案"。

3. 流动资金估算

流动资金是指投资项目在生产运营期为保证正常运营，用于购买原材料、燃料及动力，支付薪酬及其他经营费用等所需的周转使用资金。流动资金是流动资产减去流动负债的差额。投资项目净流动资金是参照主要科目的预测值。为简化计算，可行性研究主要对存货、现金、应收账款等流动资产以及应付账款等流动负债进行计算。计算公式为

流动资金 = 流动资产 − 流动负债

流动资产 = 应收账款 + 存货 + 现金

流动负债 = 应付账款 + 预收账款

流动资金本年增加额 = 本年流动资金 − 上年流动资金

4. 分年投资计划

在项目建设投资和流动资金估算的基础上，根据项目实施进度的安排，研究分年资金使用计划，以便安排融资计划；按照税法有关要求对投资所涉及的增值税进行分列。

5.1.3　研究方法

1. 建设投资估算方法

建筑工程费估算一般采用单位建筑工程投资估算法、单位实物工程量投资估算法、概算指标投资估算法等。

国内设备和进口设备购置费估算根据项目主要设备表及价格、费用资料估算。工器具及生产家具购置费一般按国内设备原价与进口设备离岸价之和的一定比例计取。

安装工程费通常根据单项工程的专业特点，采用综合指标的方法进行估算，如按安装工程费占设备原价的百分比、每吨设备的安装工程费或者按每单位安装实物工程量费用进行估算。

工程建设其他费用按各项费用规定的费率或取费标准或供求双方参照市场价格确定。

基本预备费以建筑工程费、设备购置费、安装工程费及工程建设其他费用之和为基数，按项目实际情况或各部门规定的基本预备费率进行计算。涨价预备费以建筑工程费、设备购置费、安装工程费之和为计算基数，按建设期分年投资使用计划和分年价格上涨指数，计算建设期各年涨价预备费。

2. 流动资金估算方法

可行性研究阶段的流动资金估算一般采用分项详细估算法，特殊情况或小型项目可采用扩大指标法。

5.1.4　应用说明

可行性研究阶段项目建设条件逐步明确，投资估算应逐步细化，准确度应逐步提高，从而对项目投资起到相对准确的估算和有效的投资控制作用。具体应用要求如下：

（1）具体的投资估算内容划分应符合行业规范和项目特点。政府投资项目的投资估算应依据国家颁布的投资估算编制办法和指标进行编制。项目涉及引进技术设备等内容的，要列出引进的具体内容，按照投资项目的划分和费用项目进行估算，包括引进价格、从属费用、与引进有关的出国人员费用、外籍人员来华等费用。外商投资项目原则上应符合国家外商投资有关法律法规要求。如有特殊要求，须做相应说明。境外投资项目应根据可行性研究的具体要求编制投资估算，原则上要依据投资项目所在国（地区）的有关规定编制。当对方无具体规范或要求时，可以按照国际惯例采用第三国或我国有关规范编制，但要经过协商得到对方有关部门认可，其价格计取和费用估算要根据具体项目情况通过调查按实计取。

（2）投资估算要充分考虑项目周期内有关影响和风险管理的费用安排，如环境保护与治理、社会风险防范与管控、节能与减碳、安全与卫生健康等相关建设投入和费用支出。但是项目运营期间需要增加的维持运营投资，如重置成本、大修理费用和追加投资，均不计入建设投资。

（3）项目总投资由建设投资、建设期融资费用和流动资金构成，应结合融资方案优化分析，明确融资结构和规模，并最终确定建设投资和融资方案，汇总得到项目总投资估算结果。

（4）投资估算可根据拟建项目具体情况和资料掌握程度，选择适宜的方法进行估算，并为投资规模控制、投资项目管理和同类项目工程造价水平对比分析提供依据。可行性研究阶段对投资估算的准确度要求通常控制在 ±10% 以内。

模块 5.2　收入和成本

5.2.1　研究目的

结合项目运营期内的负荷要求，估算项目营业收入、补贴收入等各项收入，以及项目在运营期的各项成本费用。收入和成本的预测和估算是投资项目现金流量预测和分析评价的重要内容，影响项目盈利能力、偿债能力和财务可持续性，影响项目利益相关者的财务决策，关系到项目运作的成败。

5.2.2　研究内容

1. 财务收入预测

财务现金流入主要包括营业收入和补贴收入等。

（1）营业收入预测。项目营业收入是项目单位对外销售产品或提供服务所取得的全部收入。营业收入估算的关键是确定项目产品或服务的销售价格以及生产运营负荷等。生产多种产品和提供多项服务的项目，应分别预测各种产品或服务的营业收入。对那些不便于按详细的品种分类计算营业收入的项目，也可采取折算为标准产品或打包成产品组合的方法计算营业收入。

在收入估算的同时，依据项目实际缴纳税种情况，对项目税金及附加进行估算。

项目单位对外销售产品或提供服务的定价和调价，要根据市场竞争环境和所属行业价格管理政策等实际情况确定。对于充分竞争的市场，产品或服务价格的确定应符合市场配置资源的相关要求。对于非充分竞争的市场，应按照市场供需均衡、合理收益、风险匹配、社会可承受等原则确定其产品或服务的价格，实行政府指导价或者政府定价；必要时应明确运营期间的价格调整机制，包括价格调整周期或调价触发机制、调价方法、调价程序及各方权利义务等。

（2）补贴收入预测。补贴收入包括先征后返的增值税、按销量或工作量等依据有关补助标准计算并按期给予的政府补贴，以及属于财政支持而给予的其他形式的补贴等。

2. 成本费用预测

总成本费用是指在运营期内一定时期（项目评价一般以年为单位）为生产和销售产品或提供服务而发生的全部费用。项目总成本费用由外购原材料费用、外购燃料动力费用、人员费用、维护修理费用、其他管理费用、其他营业费用、折旧摊销、财务费用等构成。其中：随着生产负荷变化的各成本项构成项目运营的可变成本，不随生产负荷变化的各成本项构成项目运营的固定成本，总成本费用中扣除折旧、摊销、财务费用后构成项目的经营成本。

5.2.3　研究方法

1. 收入估算的方法

主要为直接计算法、多种产品销售收入估算法、销售收入分期估算法等。

2. 产品或服务价格确定方法

一般产品或服务定价方法包括成本导向定价法，如完全成本加成定价法、目标收益定价法、盈亏平衡分析定价法；市场需求导向定价法，如认知价值定价法、需求心理定价法、差别定价法；市场竞争导向定价法，如随行就市定价法、利润陷阱定价法、排斥定价法、倾销定价法、支付意愿定价法等，其中支付意愿定价法特别适宜新产品或新服务的价格确定。

公共产品或服务定价方法包括边际成本定价法；次优定价法，如成本分摊定价法、拉姆齐－布瓦特定价法、合理报酬定价法；公共项目收费标准衡量法，如成本回收指数法、净效益回收指数法、联合费用分摊法、支付意愿定价法等，其中支付意愿定价法在由政府定价或使用政府指导价的基础设施项目定价中具有重要作用。

3. 成本和费用估算的方法

财务评价中总成本费用的构成和计算通常采用生产要素估算法计算，如有需要也可按生产（服务）成本加期间费用法计算。

5.2.4 应用说明

（1）财务收入和成本研究是投资项目可行性研究的重要内容。对于没有营业收入的非经营性项目，需要政府付费覆盖项目成本费用。政府付费构成项目补贴收入，一般需要纳入财政预算，以保障收入来源的可靠性。

（2）对于营业收入不足以覆盖项目成本费用的准经营性项目，需要政府给予支持，即在建设阶段提供政府资本金注入、投资补助或贴息，或者在运营阶段提供政府补贴或配套经营性资源等形式以维持正常运转，并将政府补贴和配套经营性收入作为现金流入进行分析。

模块 5.3　盈利能力分析

5.3.1 研究目的

财务盈利能力分析是项目财务分析中的一项重要内容，是决定项目取舍的主要依据，也是确定项目融资方案的重要基础，盈利能力越强，项目成功融资的可能性越大。通过对项目现金流的分析，计算财务盈利能力评价指标，判断项目获取盈利的能力，为项目的投资决策以及债务清偿能力和财务可持续性分析提供依据。

5.3.2 研究内容

1.项目现金流量分析

在确定项目投资需求、项目收入与成本费用的基础上，根据项目财务分析的需要，开展不同类型的现金流量分析，如融资前项目现金流量分析、融资后项目现金流量分析、针对投资各方的现金流量分析等。在明确项目整个计算期现金流入和现金流出的基础上，编制相应的现金流量表，并在此基础上计算财务内部收益率及项目投资财务净现值等评价指标。

2.项目利润和利润分配

通过编制利润和利润分配表反映利润总额、所得税和净利润及其分配情况。利润和利润分配表的利润栏目反映项目计算期内各年的销售收入、总成本费用支出、利润总额等情况；利润分配栏目反映所得税、净利润以及利润分配情况，为静态盈利能力分析和偿债能力分析提供支撑。

3.盈亏平衡和敏感性分析

（1）盈亏平衡分析。盈亏平衡分析是在一定生产能力和服务产品交付条件下，分析项目成本费用与收益平衡关系的一种方法。随着特定因素的变化，项目的盈利与亏损会存在转折点，这个转折点称为盈亏平衡点（BEP）。在这一点上，项目收入等于总成本费用，刚好盈亏平衡。盈亏平衡分析就是要找出盈亏平衡点，考察项目对市场及产品交付的适应能力和抗风险能力。由于项目收入与销售产品或提供服务量和成本之间存在着线性和非线性两种可能的关系，因此盈亏平衡分析分为线性盈亏平衡分析和非线性盈亏平衡分析。

（2）敏感性分析。敏感性分析是通过分析、预测项目主要不确定因素的变化对项目财务评价指标的影响，从中找出敏感因素，确定财务评价指标对该因素的敏感程度和项目对其变化的承受能力。投资项目可行性研究一般将建设投资、产出物价格（含服务价格）、主要原材料和燃料动力价格、汇率等因素作为考察的不确定因素，改变一种或多种不确定因素的数值，计算其对项目财务评价指标的影响，通过计算敏感度系数和临界值，估计项目财务评价指标的敏感程度，进而确定关键的敏感因素。

5.3.3 研究方法

1. 盈利能力分析方法

主要通过计算财务内部收益率、财务净现值、投资回收期、总投资收益率、项目资本金净利润率等指标进行研究。总投资收益率、资本金净利润率、投资回收期为静态分析指标；项目投资财务内部收益率、项目投资财务净现值为动态分析指标。其中，财务内部收益率为项目的主要盈利性评价指标，其他指标根据项目的特点及财务评价的目的、要求等选用。

2. 不确定性分析方法

（1）盈亏平衡分析。盈亏平衡分析实际上是一种特殊形式的临界点分析，盈亏平衡点的表达形式有多种，可以用产量、产品售价或服务收费、单位可变成本和年总固定成本等表示，也可以用某些相对值表示，项目可行性研究常以产量（服务量）和生产能力利用率表示盈亏平衡点。盈亏平衡点越低，表示项目适应市场变化的能力越强，抗风险能力越强。项目盈亏平衡还可以使用盈亏平衡分析图表示。

（2）敏感性分析。敏感性分析包括单因素敏感性分析和多因素敏感性分析。单因素敏感性分析是对单一不确定因素变化的影响进行分析，多因素敏感性分析是对两个或两个以上互相独立的不确定因素同时变化的影响进行分析。投资项目可行性研究通常只要求进行单因素敏感性分析。敏感性分析结果用敏感性分析表和敏感性分析图来表示，也可以用龙卷风图等形式展示项目对各不确定因素敏感度排序。

5.3.4 应用说明

（1）财务盈利能力研究模块是经营性项目可行性研究的必做内容，是准经营性项目可行性研究的选做内容。对于没有营业收入的非经营性项目，可不进行盈利能力分析。

（2）盈利能力分析包括项目融资前盈利能力分析和融资后盈利能力分析两种基本类型。其中，融资前盈利能力分析不考虑融资因素，即通过项目本身的盈利能力分析来判断项目的投资价值及获取潜在融资的可能性。融资后盈利能力分析是在分析判断考虑融资方案情况下的项目投资价值，体现项目实施能够产生的实际收益。

（3）企业改扩建项目、技术改造项目的财务盈利能力评价，原则上采用有无对比分析方法，对无项目和有项目两种情况的现金流量表进行增量现金流量分析，计算得出增量评价指标，包括增量内部收益率（ΔFIRR）和增量净现值（ΔFNPV），以此得到项目财务评价的相关结论。

（4）由于盈亏平衡点表示在项目设计能力下，产品销售或服务交付达到多少才能实现盈亏平衡，因此必须按项目达产年份的收入和成本费用等数据进行计算，而不应按计算期内的平均数进行计算。当各年数值不同时，最好按还款期间和还完借款以后的年份分别计算。在项目达产后的年份，由于固定成本的各年利息不同，折旧费和摊销费也并非每年相同，所以成本费用可能因年而异，可以根据项目情况选定年份计算盈亏平衡点。一般而言，最好选择还款期间的第一个达产年和还完借款以后的年份分别计算，从而得出最高和最低的盈亏平衡点区间范围。

模块 5.4　融资方案

5.4.1　研究目的

在明确不含建设期融资费用的项目投资和分年投资计划后，根据项目盈利能力分析的结果，通过多个融资方案比选，研究每个融资方案中拟建项目的资金筹措渠道、资金来源与结构、资金成本、融资期限、项目现金流（第一还款来源）、增信措施（第二还款来源）等，权衡融资风险和资金成本等因素，在符合政策规定的前提下，提出推荐的项目融资方案。

5.4.2　研究内容

1. 融资方案比选

在初步确定项目的资金筹措方式和资金来源后，进一步对融资方案进行分析，比选并推荐资金来源可靠、资金结构合理、资金成本较低、融资风险较小的方案。

（1）依法合规性分析。项目融资方案要符合国家和项目所在地关于政府债务、项目规范融资、项目资本金比例等相关法律法规要求。

（2）资金到位情况分析。应对资金到位的时间、资金金额、资金提供人的资信等进行分析，以保证资金来源和资金到位的可靠性。

（3）资金来源匹配性分析。

一是资金来源配比分析。主要包括资本金与债务资金的比例、股本结构和债务结构比例等。应针对不同的资金来源方式进行配比分析，以明确各类资金来源的配比情况。

二是政府出资规模分析。根据国家相关法律法规规定，在资本金注入的政府投资项目中，确定合理的出资规模，以充分有效利用民间资本和外来资本，切实发挥政府性资金的调控和引导作用。

（4）资金成本分析。分析计算不同融资方案中的权益资金成本、债务资金成本和加权平均资金成本。

资金成本是指项目为筹集和使用资金而支付的费用，资金成本的高低是判断项目融资方案是否合理的重要因素之一。

资金成本由资金筹集费和资金占用费组成。资金筹集费是指资金筹集过程中支付的各种费用，如承诺费、发行手续费、担保费、资信评估费、律师费、银团贷款管理费等。资金占用费是指使用资金过程中发生的经常性费用，如借款利息、债权利息、优先股股息、普通股红利和权益收益等。

在估算各类长期债务费用时，一般应按有效年利率计算，根据等额还本付息及等额还本等不同债务资金偿还方式，根据各期债务资金数额和利率计算债务利息。项目融资如果涉及多种债务资金来源，每笔债务资金的成本各不相同或采用浮动利率的项目，既可分别计算每笔债务资金的成本，也可先计算出各债务加权平均资金成本，并以此成本计算全部债务资金的成本。

权益资金筹集费按实际发生额计算；资金占用费一般可按机会成本原则计

算，当机会成本难以计算时，可参照银行存款利率计算。

建设期融资费是在建设期内为筹措项目债务资金发生的资金筹集费和资金占用费。

2. 推荐融资方案

（1）资金来源与结构分析。分析权益资金和债务资金的形式、各种资金占比、资金来源以及资本金结构、债务资金结构等。

对于使用政府投资资金的项目，应研究论证项目申请财政资金投入的必要性和方式，提出项目资金闭环管理方案。

对于引入社会资本参与的项目，由于涉及公共资源配置和公众利益保障，需分别从政府和社会资本的角度，对是否采用特许经营模式进行比较和论证，从而做出是否适合引入社会资本的研究结论。同时，根据项目资产权属、社会资本参与期限、收入来源、风险分担程度等因素，确定引入特许经营的具体实施模式。

1）权益性融资研究。权益资金是不需要偿还本金和支付利息，且不得抽回的非债务资金。要根据项目的实际情况，结合国家政策的有关规定，详细分析各种权益资金来源的可行性和资金规模。

2）债务性融资研究。债务资金需要按照使用条件按期支付利息、到期偿还本金。债务资金筹措包括借款、发行债券等。应结合项目经济、社会、环境影响等评价结果，研究项目获得包括绿色金融工具在内的各类债务资金支持的可能性。

3）其他融资方式研究。其他融资方式主要有优先股、永续债、夹层融资等，应根据项目的特点进行分析。

（2）资金成本分析。说明权益资金成本、债务资金成本和平均加权资金成本。

3. 项目资金筹措和使用计划方案

在分年投资计划和选择融资方案的基础上，编制项目资金筹措和使用计划表，并计算建设期融资费用。

5.4.3 研究方法

1. 融资结构比选方法

（1）比较资金成本法。是指在适度财务风险的条件下，测算可供选择的不同资金结构或融资组合方案的加权平均资金成本率，并以此为标准相互比较，确定合理的资金结构的方法。

（2）每股利润分析法。也称每股利润无差别点法，是根据项目预测的盈利能力和负债对项目公司及其股东财富的影响，分析资金结构与每股利润之间的关系，进而确定合理的资金结构的方法。

2. 融资成本分析方法

（1）债务资金成本（Rd）的计算主要采用税后债务资金成本法。

（2）权益资金成本（Re）的计算方法主要包括资本资产定价模型法、股利增长模型法等。

（3）项目综合融资成本一般根据权益资本成本（Re）和债务资本成本（Rd）及其占比结构，选取加权平均资本成本。

5.4.4 应用说明

（1）对于融资数额较大或融资方案较复杂的拟建项目，应进行融资方案专题研究，经过多方案比选，推荐资金来源可靠、资金结构合理、资金成本较低、融资风险较小的方案。

（2）在项目融资方案和具体资金筹措方案确定之后，应据此计算建设期融资费用及项目总投资。

（3）项目融资方案的可行性分析，应在融资前盈利能力分析的基础上，结合项目公司自身及其股东出资能力、项目资本金和债务资金来源及结构、资金成本以及资金到位情况、项目债务清偿能力分析和项目财务持续性的分析结果，进行权衡分析。

（4）融资方案比选过程中，应根据与金融机构对接情况，研究采用权益型金融工具、专项债、公司信用类债券等融资方式的合理性。若项目建成运营后，具备利用基础设施领域不动产投资信托基金（REITs）等方式盘活存量资产的条件，可在融资方案阶段研究引入 Pre- REITs 基金等创新型金融工具支持的可行性。

（5）项目资本金属于非债务性资金，项目公司不承担这部分资金的任何债务和利息；投资者可按其出资比例依法享有所有者权益，也可转让其出资，但不得以任何方式抽回。项目借贷资金和不合规的股东借款、"名股实债"等不得作为项目资本金，筹措资本金不得违规增加地方政府隐性债务，不得违反国有企业资产负债率管理相关要求，不得拖欠工程款。

（6）引入社会资本参与的投资项目，原则上应聚焦使用者付费项目，不得通过可用性付费、可行性缺口补助、承诺保底收益率等方式，使用财政资金弥补项目建设投资和运营成本，防范新增地方政府隐性债务风险。

（7）项目融资应关注环境和社会风险因素，比如环境–社会–治理（ESG）责任投资要求，研究项目获得绿色金融工具支持的可能性。

模块 5.5　债务清偿能力分析

5.5.1　研究目的

对使用债务资金的项目，明确债务清偿依据和还本付息来源，论证项目在计算期内是否有足够现金流量，按照债务资金期限、还本付息方式偿还项目的债务资金，评价项目债务清偿能力。

5.5.2　研究内容

1. 偿债能力分析

（1）偿债计划的编制。编制借款还本付息计划表用以反映项目计算期内各年借款的使用、还本付息以及偿债资金来源。

（2）评价指标计算。在编制预测的项目借款还本付息计划表的基础上，计算利息备付率、偿债备付率等指标，评价项目偿债能力。

1）利息备付率（ICR）。利息备付率是项目在借款偿还期内，各年可用于支付利息的息税前利润与当期应付利息费用的比值。它从付息资金来源的充裕性角度反映项目偿付债务利息的能力，表示使用项目息税前利润偿付利息的保证倍率。利息备付率越高，表明利息偿付的保障程度越高。

2）偿债备付率（DSCR）。偿债备付率是项目在借款偿还期内，各年可用于还本付息的资金与当期应还本付息金额的比值。它从还本付息资金来源的充裕性角度，反映项目偿付债务本息的保障程度和支付能力，表示可用于还本付息的资金偿还债务资金的保障程度。偿债备付率越高，表明可用于还本付息的资金保障程度越高。

2. 资产负债分析

开展项目资产负债分析，计算资产负债率等指标，并结合国家宏观经济状况、行业发展趋势、项目所处市场环境等具体条件，综合判定拟建项目资金结构的合理性，以及项目单位筹资能力和经营安全稳健性。

5.5.3　研究方法

通过借款还本付息计划表、资产负债表等财务报表计算偿债备付率、利息备付率、资产负债率等指标。

5.5.4　应用说明

（1）债务清偿能力研究模块是有债务资金项目可行性研究的必做内容。对于不使用债务资金的项目则不需要进行债务清偿能力研究。

（2）政府作为债务人要按照协议或合同的约定，依照法律法规规定向债权人承担资金偿付义务的政府债务，在清偿能力分析时可从以下方面评价：①政府举债行为合法性；②政府债务管理的责任机制健全性；③政府债务规模；④偿债准备金数额；⑤政府债务风险预警机制完备性。

模块 5.6　财务可持续性分析

5.6.1　研究目的

综合考察项目计算期内各年的投资活动、融资活动和经营活动所产生的各项现金流入和流出，计算净现金流量和累计盈余资金，判断项目是否有足够的净现金流量维持项目正常运营。

5.6.2 研究内容

1. 现金流量分析

通过分析项目计算期内的各项现金流入和流出，编制财务计划现金流量表，计算得出各年的累计盈余资金，并对其进行分析。

2. 政府补贴分析

对于需要政府补贴的项目，应分析政府补贴所需资金，测算所需补贴额度和补贴时间等。

3. 财务可持续性分析

项目资金使用顺序通常为支付运营维护成本、缴纳流转税、偿还借款利息、偿还借款本金。对于累计盈余资金为负的项目，应研究提出现金流接续方案。具体可分为以下三种情况：

（1）非经营性项目。非经营性项目没有营业收入，需要开展资金平衡方案研究。在确定分年投资计划后，分析各年度资金的需求。研究确定政府资金的需求量以及其他资金缺口，并提出弥补资金缺口的措施。

（2）准经营性项目。对于具有营业收入但不足以补偿经营成本的准经营性项目，应通过经营活动净现金流差额估算运营期各年需要给予补贴的数额，以及提供政府补贴的可行性，提出相关方的支持方案。

有些项目在短期内营业收入不足以补偿全部经营成本，但随着时间推移，通过价格（收费）水平的逐步提高，不仅可以补偿经营成本，缴纳流转税、偿还借款利息、偿还借款本金，还有可能产生盈余。因此对这类项目需要在短期内给予补贴，分析偿债能力（如有借款时）和财务生存能力，推算运营前期各年所需的资金补贴额，分析在有限时间内提供政府补贴的可行性，提出相关方的支持方案。

（3）经营性项目。对于营业收入补偿经营成本且有一定盈利能力的项目，应采用市场化运作方式，其财务收益能够回收投资和补偿经营成本，政府投资应予以退出，以避免对企业投资的挤出效应。

4. 财政可负担性分析

对于使用地方政府资金的项目，应开展财政可负担性研究，识别、测算项目的各项财政支出责任，客观评价项目实施对当前及今后年度财政支出的影响，为项目财政管理提供依据，防范当地政府隐性债务风险。

5.6.3　研究方法

主要通过财务计划现金流量表，计算净现金流量和累计盈余资金进行研究。项目财务计划现金流量表的各年累计盈余均为大于等于零，表明项目具有财务生存能力。项目各年累计盈余越多，表明项目财务可持续能力越强。

5.6.4　应用说明

（1）项目财务计划现金流量表是分析判断项目财务持续能力的基础依据，同时也是评价项目是否具有偿还债务资金能力的重要依据，并可用于计算政府合理补贴的数额。如果发生运营期内存在若干年份资金短缺情况，经过方案优化仍无法改变，且不能通过补贴方式解决时，应采用短期借款予以补齐。

（2）对于企业投资项目，还应根据投资项目财务计划现金流量表，统筹考虑企业整体财务状况、总体信用及综合融资能力等因素，分析投资项目对企业的整体财务状况影响，包括对企业的现金流、利润、营业收入、资产、负债等主要指标的影响，判断拟建项目是否有足够的净现金流量，以确保维持正常运营及保障资金链安全。

六、影响效果分析

项目影响效果分析是从项目对外部影响的角度，在项目需求方案、建设方案、运营方案、财务方案等项目方案研究的基础上，预测和分析投资项目在经济、社会、资源及能源节约利用、生态环境、二氧化碳排放等方面的影响效果，对于能够货币化的项目外部性优先进行货币化分析计算，能够量化的进行量化分析，不能够量化的采用定性分析，从多个维度研究项目外部影响的可接受性，评价拟建项目对经济、社会、资源、环境等的影响，特别是负面影响，判断项目产生的外部正面效果、负面代价及项目可持续性，为项目实施的整体可行性提供判断依据，并为进一步开展风险可控性研究提供基础。

模块 6.1　经济影响分析

6.1.1　研究目的

经济影响分析是拟建项目影响效果分析的重要组成部分。对于具有明显经济外部效应的投资项目，计算项目对经济资源的耗费和实际贡献，分析项目费用效益或效果，以及重大投资项目对宏观经济、产业经济、区域经济等所产生的影响，评价拟建项目的经济合理性。

6.1.2　研究内容

1. 经济费用效益分析

经济费用效益分析是按照资源优化配置的要求，将拟建项目的外部影响效果进行识别、量化和货币化，计算有关评价指标，评价项目投资的经济合理性。

（1）经济效益和费用的识别计算。应从资源优化配置的角度识别和计算项目的经济效益和经济费用。

（2）经济费用效益分析。如果项目的经济费用和效益能够进行货币化计算，应在费用效益识别和计算的基础上，编制投资项目的经济费用效益流量表，并计算经济费用效益分析指标，评价项目的经济合理性。

2. 费用效果分析

费用效果分析通过比较项目预期的效果与所支付的费用，判断项目的费用有效性和经济合理性。效果难于或不能货币化，或货币化的效果不是项目目标的主体时，应采用费用效果分析法进行经济评价，其结论作为项目投资决策的依据之一。

费用效果分析中的费用是指为实现项目预定目标所付出的经济代价，采用货币计量；效果是指项目的结果所起到的作用、效应或效能，是项目目标的实现程度。按照项目要实现的目标，一个项目可选用一个或几个效果指标，进行分析评价。

费用效果分析主要包括两个方面内容：一是实现特定的项目效果目标采用费用较低的方案，分析比较既定效果目标下的各种方案的经济费用；二是在同样的经济费用基础上评价如何实现拟建项目的最佳效果目标。

3. 区域经济影响分析

对于区域经济可能产生重大影响的项目，应从区域发展规划、产业空间布局、当地财政收支、社会收入分配、市场竞争结构、当地产业支撑作用和贡献等角度出发，分析论证项目对所在区域经济发展的影响。

投资项目的区域经济影响，主要分析项目投资建设所产生的费用和效益或效果，通过价格变动、产业关联、技术扩散等途径传递到项目实体及项目实体之外的其他利益相关者，从而分析项目与区域经济发展的关联性及融合程度，从促进当地经济发展的角度研究项目投资的影响效果。

4. 产业影响分析

对于可能影响产业结构调整、推动产业发展的重大投资项目，应进行产业影响分析，评价拟建项目对所在产业及产业链上下游关联产业发展的影响，包括产业布局及结构调整、产业技术进步、产业竞争格局等主要内容。如有必要，还要对是否可能形成行业垄断进行分析评价。

5. 宏观经济影响分析

对于直接影响国家经济全局的项目，应从国民经济整体的角度出发，分析项目对国家宏观经济各方面的影响。宏观经济影响分析的内容包括对国民经济总量增长、生产力布局、自然资源开发、劳动力就业结构变化、物价变化、收入分配等方面影响的分析，以及项目建设实施和时机选择对国民经济影响的分析等。

6.1.3 研究方法

（1）经济费用效益分析。经济费用效益分析可在直接识别估算经济费用和经济效益的基础上编制经济费用效益流量表，计算经济净现值（ENPV）、经济内部收益率（EIRR）、经济效益费用比（R）等指标，评价项目的经济合理性。

（2）费用效果分析。费用效果分析方法包括最小费用法、最大效果法、增量费用效果分析法等。采用费用效果分析需要拟定不同的备选方案以供选择和比较，包括"无项目方案"，然后对比不同方案的效果和费用，从中选择优化方案。

（3）重大项目的宏观经济、产业经济、区域经济影响评价应遵循系统性、综合性、定性分析与定量分析相结合的原则，基本方法包括客观评价和主观评价两种方法。

客观评价法是在对项目的产出与其影响后果进行客观分析的基础上，对其影响效果进行预测分析。如通过对项目关联对象的产出水平或费用变动的客观量化分析，进一步对项目的宏观经济、产业经济、区域经济影响效果进行量化分析。

主观评价法是以真实的或假设的市场行为的可能后果为依据，通过项目评价人员的主观判断，对项目的宏观经济、产业经济、区域经济影响效果进行分析评价。主观评价法建立在评价人员偏好的基础之上，是人们根据对某种效果的认知程度或所占有的信息量，对某种影响的价值进行的主观判断。

（4）宏观经济、产业经济、区域经济影响分析评价应结合总量指标、结构指标、国力适应性指标、收益分配效果指标，利用定量分析模型、综合评价分析模型对经济影响效果进行分析评价。

6.1.4 应用说明

（1）经济影响分析主要适用于具有明显经济外部效应的投资项目。经济影响分析的目的，是要尽可能全面地识别和评价拟建项目的外部性经济影响，将项目的各种直接影响和间接影响效果纳入项目投资决策需要考虑的众多因素之中，以避免因财务评价的片面性可能导致的项目投资决策失误。

（2）对于效益和费用可以货币化的项目，应采用经济费用效益分析方法；对于效益难以货币化的项目，应采用费用效果分析方法；对于效益和费用均难以量化的项目，应进行定性经济费用效益分析。

（3）经济费用效益分析是对投资项目所耗费的经济资源及其产生的经济效果进行论证，判断拟建项目的经济合理性。可行性研究中应根据项目具体情况决定是否需要进行经济费用效益分析。

（4）对于产出物为明显涉及公众利益的公共服务，如环境、卫生、安全、教育等项目，以及具有明显外部性影响的项目，如污染严重的产业发展类项目，应进行费用效果分析，对社会公众为项目的建设实施和运营所付出的各类费用以及项目所产生的各种效果，从经济评价的角度进行全面的识别和评价。

费用效果分析应根据项目目标选择具体的效果指标，通常选用各种反映目标实现程度的实物效果指标，比如供水项目选用供水量、教育项目选用受教育人数、医疗项目选用治愈率等。项目目标可能是单一目标，也有可能是多种目标。对于相对复杂的多目标项目，应对项目预期目标进行合理分析界定，防止目标过多过滥，导致对项目无法判断取舍。

（5）应结合拟建项目在地方经济发展及产业发展中的地位，决定在可行性研究中是否需要进行区域经济和产业经济影响分析。原则上，只有对区域经济、产业发展能够产生明显影响的项目，才有必要进行分析。

（6）一般项目原则上不需要进行宏观经济影响分析，只有对宏观经济能够产生明显影响的重大项目，才有必要进行这种分析。这些项目一般应具有下列部分或全部特征：

1）投资规模巨大、建设工期较长（横跨 5 年甚至 10 年规划）。

2）项目实施对宏观经济结构、社会结构或相关群体利益格局等产生较大影响。

3）项目对生态及社会环境影响范围广，持续时间长。

4）项目对国家经济安全能够产生影响。

5）项目对国家长期财政收支会产生较大影响。

6）项目的投入或产出对进出口影响较大。

7）项目能够对宏观经济产生其他重大影响。

模块 6.2　社会影响分析

6.2.1　研究目的

通过社会调查和公众参与，识别项目主要社会影响因素和主要利益相关者，分析不同目标群体的诉求及其对项目的支持程度，评价项目采取以工代赈等方式在带动当地就业、促进技能提升等方面的预期成效，以及促进员工发展、社区发展和社会发展等方面的社会责任，提出减缓负面社会影响的措施或方案。

6.2.2　研究内容

社会影响分析是将社会分析和公众参与融入投资项目全生命周期的一种方法、手段和工具。投资项目的社会影响分析旨在通过对影响项目，并同时受项目影响的社会因素进行系统的调查分析，提出减少或避免项目负面社会影响、扩大正面影响的建议和措施，从而保证项目顺利实施和项目目标的实现。

1. 社会现状调查

社会现状调查的目的是了解评价范围内主要的人口、社会、经济、文化、资源、生态、环境等信息，以判断社会敏感点及其脆弱性，预测社会影响的显著性。社会调查是识别关键利益相关者，分析其需求、对项目的支持意愿以及对项目内容的认可及接受程度的基础。开展现场调查，可以与利益相关方分析交互进行。

社会调查的主要内容包括：

（1）投资项目涉及地区的社会经济统计资料和规划等。

（2）项目影响范围。

（3）项目区自然条件。

（4）项目区经济发展及产业状况。

（5）项目区人口社会情况。

（6）项目区涉及的城（集）镇、农村居民点的高程、性质、功能、人口、土地面积、基础设施、公共服务、主要资源和产业特点等。

（7）项目征地范围内的主要实物指标和社会经济指标。

（8）征收补偿安置方案相关资料。

（9）项目涉及地方政府、企事业单位、社区和群体的社会、经济、文化特征及其对项目建设和运营、提供产品或服务的认知、态度、行为和接受性。

（10）项目开始至今已经发生的主要社会影响、社会冲突、社会矛盾和主要遗留问题及需要处理的社会事项。

2. 社会影响的识别与筛查

识别投资项目社会影响发生的时间、空间和涉及的区域范围。对影响项目并同时受项目影响的社会因素进行系统的调查分析。

（1）社会影响类型。社会影响包括项目全生命周期内所有与拟建项目有关的直接、间接和累积性社会影响。根据投资项目活动的性质和范围，分析项目与各种社会资源的交互影响方式，识别出特定项目现实的和潜在的社会影响。

典型的社会影响包括：

1）征收土地和房屋、限制土地使用和搬迁对移民生计和生活产生的影响。

2）对相关人群工作条件可能产生的影响。

3）对社区公共设施服务、健康卫生（特别是传染性疾病防控）、社区安全（含道路安全、应对气候变化韧性）、社区对外交通和社会经济交往、社区制度和运行机制、社会关系和社会秩序可能产生的影响。

4）对自然遗产、文化遗产和文化资源产生的影响。

5）对重点群体（如少数民族人群、残疾人、女户家庭、低收入家庭）可能产生的影响。

6）可能的正面效益，如乡村振兴、妇女发展、少数民族发展、公共设施和服务改善、增加就业和收入、技术能力提升等。

（2）社会影响筛查。在初步分析项目活动及其时空分布、社会经济信息和利益相关群体识别的基础上，分析不同项目阶段可能产生的社会影响，通过筛查确定项目可能产生的显著社会影响，明确社会影响评价的时间和空间范围。项目社会影响筛查示例表如表3-4所示。

表3-4　　　　　　　　　　　　　　项目社会影响筛查示例

项目阶段	项目活动	项目活动与各类社会敏感点和资源之间交互作用														
		负面影响												正面影响		
		土地		劳动者		社区				重点人群						
		征地	移民安置	工作条件	职业健康安全	公共设施和服务	社区健康	社区安全	文化资源	少数民族	残疾人	女户家庭	低收入家庭	其他影响	就业增收机会	技术能力	其他效益
决策																
准备																
建设																
运营																

3. 利益相关者分析

利益相关者是指与项目有直接或间接利害关系，受项目影响或对项目有直接或间接影响力的个人、群体或组织机构。利益相关者分析对项目影响的各类利益群体及其受到的影响、其对项目的影响作出分析判断，一般包括以下步骤：

（1）确定利益相关者，并根据利益相关者与项目之间的利益关系和联系程度进行分类。

（2）分析利益相关者的利益所在及其对项目的影响，判断利益相关者的重要性和影响力。

（3）重点群体分析，包括低收入群体、社会性别、少数民族、征地移民、项目职工等，对他们的影响进行识别和分析，为后续的社会影响分析、社会风险分

171

析、社会管理计划方案制定提供基础。

（4）组织机构分析，包括与项目筹备、建设、维护、运营、管理相关的政府机构、咨询服务机构、民间组织、其他社会组织等利益相关机构。

（5）重点关注利益受损群体，分析利益受损的类型、程度、时间，主要利益受损群体的价值观念、利益诉求、期望、偏好、参与意愿等。

（6）提出重要利益相关者参与机制和申诉机制。应根据利益相关者分析结果，增强不同利益相关者参与项目的能力，制定利益相关者的利益表达机制以及申诉机制，以确保其能够有效参与项目的方案制定、决策咨询、实施监测评价和反馈过程。尤其要为弱势群体的参与制定恰当的机制，并考虑性别差异因素及女性参与情况；如果少数民族群体将会受到负面影响，应根据我国国情和民族政策制定符合少数民族群体特殊需求的参与方案。

4. 社会影响分析

分析投资项目的社会影响，包括正面以及负面影响。社会影响分析包括员工、社区、社会三个层面的影响分析。

（1）员工层面影响分析。员工层面影响分析主要关注就业影响、员工职业发展和员工权益保护等方面。其中，就业影响具体关注项目新创造的就业岗位情况、用工需求量、职业技能需求、吸纳人员类别等方面，如果采取以工代赈方式应进行重点说明。员工职业发展具体关注对员工职业技能的开发和培训、员工发展和能力提升计划、人力资源支持等方面。员工权益保护具体关注职业健康保护与安全生产、基本劳动权益保护和员工福利保障等方面。

（2）社区层面影响分析。社区层面影响分析主要关注征地移民、公众参与、文化遗产保护、社区福祉等方面。其中，征地移民具体关注征地补偿标准合理性、征拆资金到位及时性、移民安置规模和方式、移民行动计划和监测等方面。公众参与具体关注公众受影响情况、项目公开事项和流程、公众参与方式与机制等方面。文化遗产保护具体关注项目对于当地风俗习惯、历史文化、民族宗教、非物质文化遗产的影响及减缓措施等方面。社会福祉具体关注项目配套服务设施、社区环境改善和教育、卫生、服务水平的提高、社区健康和安全影响等方面。

（3）社会层面影响分析。社会层面影响分析主要关注项目带来的经济发展、社会赋能、供应商管理、社会风险管理等方面。其中，经济发展具体关注收入分配、生活水平和质量、就业、资本、基础设施和社会服务、社会资源利用等方面的影响。社会赋能具体关注项目对国家和行业发展战略的支持程度或对当地教育水平、医疗条件、卫生健康状况和人文环境等产生的变化。供应商管理具体关注项目对市场竞争和营商环境的影响，包括供应商筛选标准和管理体系、市场供给稳定性和竞争充分性等。社会风险管理主要分析项目可能导致的政治、经济、文化、社会等方面冲突、矛盾的社会失范情况，尤其是对弱势群体的负面影响，引发社会群体性事件的可能性，以及突发事件的应急管理能力。

5. 社会管理计划方案

社会管理计划方案是为了缓解/避免负面影响、增强/扩大正面影响、避免社会风险/冲突、促进社会目标实现、实现项目社会可行所采取的社会管理行动计划，具体可包括利益相关者参与计划、社会事项治理措施计划等。方案需要考虑不同群体、性别、民族及其他社会差异因素，符合当地的社会文化和风俗习惯，一般包括：

（1）提出项目设计方案的注意事项和完善建议。

（2）提出强化项目正面效益的措施和方案，制定效益强化行动计划。

（3）针对不同受影响群体的脆弱性和需求，提出规避或消减各种负面影响的明确的缓解措施，制定负面影响规避减缓行动计划，以满足不同利益相关方的差别化需求。

（4）提出各项社会行动措施的内容、实施形式、参加人员、质量要求、地点、时间、费用、组织和参与部门及职责分工要求、绩效评价办法、报告制度。

（5）提出项目利益相关者参与的事项、任务、时间、地点，制定公众参与行动计划。

（6）社会管理计划方案应制定动态调整机制，根据社会监督结果、项目社会绩效、利益相关方的反馈以及客观因素的变化等及时进行适应性调整。

6.2.3　研究方法

社会影响调查方法主要包括文献法、访谈法、问卷法、观察法。调查的方式有全面调查、抽样调查、个案调查和典型调查等。

利益相关者分析应采用识别和分析利益相关方的系统性方法，并完善参与方式，使受影响各方能够充分参与讨论，并在项目决策和实施中考虑利益相关方的意见。

社会影响分析主要采用参与式评估方法、风险矩阵分析法、情景分析法、专家诊断法等方法。

6.2.4　应用说明

（1）社会影响分析贯穿于项目全生命周期各个阶段，应尽早开展，为项目提供决策支持。项目准备期，确定减缓措施或行动方案以及提高项目社会绩效并促进社会目标的实现；在建设与运营期，建立相关社会管理计划方案监督评估机制，指定专人及提供必要资源对社会绩效进行跟踪和监督。

（2）若条件许可，社会影响分析与生态环境影响分析可以协调同步开展，通过沟通协调和专题讨论，优化项目设计和影响管理计划方案。

（3）社会影响分析应与社会风险评价以及社会稳定风险评估、用地用海征收补偿（安置）方案研究结合进行。

（4）对于重大项目，应根据就业促进相关法律法规和项目所在地有关规定在可行性研究中开展就业效果评价，同时应结合所在地劳动保障部门管理的需要，发挥可行性研究对项目用工管理的指导作用。

（5）结合国家与地方以工代赈相关政策，对使用以工代赈专项资金（包括以工代赈中央预算内投资、中央财政衔接推进乡村振兴补助资金以工代赈任务方向）实施以工代赈的项目、在农业农村基础设施建设领域和在政府投资的重点工程项目中实施以工代赈的项目，均应进行以工代赈综合成效评价。

模块 6.3　生态环境影响分析

6.3.1　研究目的

分析拟建项目所在地的环境和生态现状，评价项目在污染物排放、地质灾害防治、防洪减灾、水土流失、土地复垦、生态保护、生物多样性和环境敏感区等方面的影响，提出生态环境影响减缓、生态修复和补偿等措施，以及污染物减排措施，评价拟建项目能否满足有关生态环境保护政策要求。

6.3.2　研究内容

1. 生态环境现状分析

通过分析项目拟选场址的自然生态系统状况、资源承载力、环境质量现状、现有污染物排放与治理和环境容量状况等情况，为拟建项目的生态环境影响分析提供依据。

（1）自然环境状况。说明拟建项目所在位置，叙述区域周围地形地貌及厂区的主要地质特征；调查对可能受到拟建项目建设运行影响的水体，阐述拟建项目区域的地表（地下）水特征参数、水文地质条件；分析拟建项目所在地区气候特征，尽可能采用气象部门发布的、能代表拟建项目所在地区气象特征的气象观测资料。对涉海洋项目应分析潮型、潮位、潮流速度、流向、持续时间、盐度和波浪活动等参数；对涉湖泊项目应分析半交换期和容量，对可能受污染水体应明确平均宽度、深度，扩散系数和稀释的不均匀性等参数值。此外，还需提供对场址有影响的暴雨、风暴、溃坝等造成的洪水水位、流量、规模及作用数据。

（2）生态环境状况。调查项目所在地的森林草原植被、动物栖息、水土保持等生态环境状况，并重点关注生态功能重要区域和生态环境敏感脆弱区域等生态保护红线的生态环境状况、人类活动情况以及存在的生态环境问题与风险。调查大气、水、土壤等环境要素质量及达标情况、环境容量及主要污染物排放总量指标，分析区域存在的环境问题及产生的原因、环境质量的变化趋势。阐述生物多样性相关状况，如森林、草原、水生生物及陆地野生动植物、农作物等分布和利用情况。识别和分析生态系统的主要服务功能和服务对象，例如农、林、牧、副、渔业的生产概况，包括生产面积、品种、产量、生长和贮存、活动方式等。

（3）环境敏感区分布状况。明确拟建项目所涉环境敏感区域的具体位置及与项目边界的距离。环境敏感区主要包括自然保护区、风景名胜区、世界文化和自然遗产地、饮用水水源保护区；基本农田保护区、基本草原、森林公园、地质公园、重要湿地、天然林、珍稀濒危野生动植物天然集中分布区、重要水生生物的自然产卵场及索饵场、越冬场和洄游通道、天然渔场、资源性缺水地区、水土流失重点防治区、沙化土地封禁保护区、封闭及半封闭海域、富营养化水域；以居住、医疗卫生、文化教育、科研、行政办公等为主要功能的区域，文物保护单位，具有特殊历史、文化、科学、民族意义的保护地。

2. 拟建项目的生态环境影响

（1）影响的范围和内容。投资项目生态环境影响范围取决于评价工作的等级、工程和环境的特性。一般情况下，可行性研究对项目生态环境影响分析范围等于或略小于生态环境现状调查的范围，其具体规定按照各要素、专题、专项环境影响评价技术导则的要求执行。

生态环境影响分析涵盖污染物排放、地质灾害防治、防洪减灾、水土流失、土地复垦等方面，以及项目对生态保护、生物多样性和环境敏感区的影响。

（2）影响分析的标准。投资项目的生态环境影响分析，应参照生态环境影响评价技术导则等标准规范进行。影响分析适用的标准，包括环境质量标准、污染物排放标准、总量控制指标及有关环境保护的各类行业标准。主要标准类别包括基础标准、方法标准、评价标准、排放标准等。

（3）污染物排放分析。分析计算投资项目建设期和运营期产生的各种污染源和排放的各种污染物及其对环境的污染程度，包括常规污染因子、特征污染因子和生态因子，以及反映区域环境质量状况的主要污染因子、特殊污染因子和生态因子。特别注意分析化学需氧量、氨氮、氮氧化物、挥发性有机物等主要污染物的排放总量。

1）废气。列明产生废气排放的车间或装置名称，分析具体排放节点（污染源）和排放方式，计算排放数量、有害成分和浓度、排放特征（如温度、压力、高度）、影响范围，以及受影响群体的脆弱性和对项目及影响的态度等，评价其对环境危害程度。

2）废水。列明产生工业废水（废液）和生活污水的车间或装置名称，分析具体排放点（污染源）和排放方式，计算其排放数量、有害成分（如化学需氧量、氨氮、总氮、总磷、动植物油、石油类、挥发酚及重金属等）和浓度、排放特征（如温度、压力）、排放去向、影响范围及受影响群体的脆弱性等，评价其对环境的危害程度。

3）废渣。列明产生各类废渣的车间或装置名称，分析堆积场所和废渣处理处置方式，计算排放数量、有害成分、堆积占地面积、影响范围及受影响群体的脆弱性等，评价其对环境造成的污染程度。

4）噪声。列明噪声源位置，分析计算声压等级、噪声特征（连续、间断或瞬间）、影响范围及受影响群体的脆弱性等，评价其对环境造成的危害程度。

5）粉尘。列明各类粉尘产生的车间或装置名称，分析具体排放点（污染源）和排放方式，分析计算排放数量、组成及特征、影响范围及受影响群体的脆弱性等，评价其对环境造成的危害程度。

6）其他污染物。分析计算生产过程中产生的电磁波、放射性物质等污染物发生的位置、特征、强度值、影响范围及受影响群体的脆弱性，评价其对周围环境的危害程度。

当投资项目排放污染物对环境存在累积影响时，应明确累积影响的影响源，分析项目实施可能发生累积影响的条件、方式和途径，预测项目实施在时间和空间上的累积环境影响。

（4）水土流失影响。水土流失是指在水力、风力、重力等外营力和人类活动作用下导致的水土资源和土地生产力的破坏和损失。在自然状态下，纯粹由自然因素引起的地表侵蚀过程非常缓慢，常与土壤形成过程处于动态平衡状态，因此坡地能保持完整。在人类活动影响下，特别是大型项目兴建严重地破坏了坡地植被后，由自然因素引起的地表土壤破坏和土地物质的移动，流失过程加速，即发生水土流失。

对于可能产生水土流失影响的项目，如大型水利设施、高速铁路或公路、农业开发项目等，应重点结合以下因素，分析项目兴建和实施带来的水土流失影响，编制水土流失影响分析表，包括旱坡耕地垦殖率、森林覆盖率和人口密度等指标，水土流失影响的时间空间范围、受影响土地及其社会经济活动损失情况和减缓预防措施。

（5）生态保护和生物多样性分析。分析项目对自然环境、植被及其物种多样性的影响，包括主要植被和物种类型及其种类组成；植被区系成分分析、主要资源植物状况、主要生物物种状况、项目建设后植被和物种的恢复预测、主要生态系统类型及其特点、生态系统变化对周边地区人地关系、生产活动、生物多样性、生境栖息地等生态服务功能的影响等。

（6）环境敏感区影响分析。环境敏感区影响分析包括对保护对象生态空间占用、污染排放累积和重要自然资源的耗竭及其对生态系统和重要保护目标的影响分析预测评价。项目如果涉及历史文化遗产、自然遗产、风景名胜和自然景观等特殊环境，可行性研究应分析项目建设运营对特殊环境可能产生的影响，研究论证影响因素、影响程度，提出保护措施，并论证保护措施的可行性。

3. 生态环境保护措施分析

从促进绿色生产、减少污染排放、防止水土流失、强化污染治理、保持生态环境可持续能力以及投资项目经济合理性和运行稳定性的角度，对项目实施可能造成的生态环境影响提出保护措施，研究制定突发环境事件应急预案，并分析评价环境治理方案的可行性和治理效果。

（1）主要污染物的治理。生态环境治理措施方案应反映废气、废水、固体废弃物、噪声等不同污染源和排放污染物的性质特点，所采用的技术和设备应满足先进性、适用性、可靠性等要求；对项目产生的废气、废水、固体废弃物等，提出回收处理和再利用方案，以提高资源综合利用效率；污染治理效果应能满足达标排放和区域环境质量持续改善的有关政策法规要求；项目环境影响的监测、控制方案应能够满足环境管理的要求。

（2）自然及文化遗产的保护。对于涉及自然和文化遗产保护的项目，生态和环境影响分析应论证项目对自然和文化遗产的影响，工程方案应尽可能避免出现重大负面影响而制约项目可行性，提出消除或减缓负面影响的保护措施，在确保人与自然和谐共生的同时，确保人类文明的传承。

（3）生态环境治理方案的优化比选。对生态环境治理方案应进行技术经济比选，包括工程规模、技术水平、治理效果、管理及监测方式、工程建设和运行成本、环境效益等方面的对比分析，从而提出推荐方案，编制生态环境保护治理设施和设备表。

6.3.3 研究方法

生态环境影响分析的预测方法包括数学模型法、物理模型法、类比调查法和专家判断法等，具体参照各环境要素或专题环境影响评价技术导则相关规定。

6.3.4 应用说明

（1）对生态环境现状的调查研究，一般需要满足以下基本要求：

1）优先搜集现有最新和有效的资料，当这些资料不能满足要求时，再进行现场调查和补充监测。

2）根据项目所在地区的环境和生态特点，结合单项影响评价的工作等级，确定环境和生态要素的现状调查范围，并筛选应调查的有关参数。

3）环境和生态现状调查应详细分析与项目有密切关系的大气、地表水、土壤、地下水、生态系统等内容，定量评价其环境质量现状。

4）根据工程生态环境影响特点和评价地区的实际情况，明确需要的自然环境要素。

（2）在符合"三线一单"生态环境分区管控方案要求前提下，可行性研究中的生态环境影响分析，要分析项目可能造成的环境和生态影响及其是否符合生态环保政策法规的要求，提出优化项目选址选线、减少污染排放、强化污染治理、促进清洁生产、提高环境和生态质量的对策措施。

（3）以生态影响为主的投资项目应侧重于从选址选线、施工期和运营期对生态环境影响进行分析，并提出相应保护措施；以污染影响为主的投资项目应侧重于从建设内容、工艺流程和产排污环节、与项目有关的原有环境污染问题、污染物排放控制标准等方面，分析主要环境影响，并提出建设期和运营期的环境保护措施。

（4）生态环境影响分析还应与社会影响分析、风险评价相衔接，进一步识别和分析生态环境影响变化和影响可能产生的社会及生态环境风险，并综合制定社会及生态环境风险防范和管控方案。

模块 6.4　资源和能源利用效果分析

6.4.1　研究目的

研究拟建项目的矿产资源、森林资源、水资源（含非常规水源）、再生资源、废物和污水资源化利用，以及设备回收利用情况，通过单位生产能力主要资源消耗量等指标分析，提出资源节约、关键资源保障，以及供应链安全、节能等方面措施，计算采取资源节约和资源化利用措施后的资源消耗总量及强度。计算采取节能措施后的全口径能源消耗总量、原料用能消耗量、可再生能源消耗量等指标，评价项目能效水平以及对项目所在地区能耗调控的影响。

6.4.2　研究内容

1. 资源利用效果分析

（1）资源综合利用方案。对于占用钢铁、有色金属、石油石化、天然气、林产品加工、林纸一体化等重要资源的投资项目，应从可持续的角度出发，遵循建设资源节约型社会和发展循环经济的原则，阐述项目占用的资源品种、数量、来源等情况，提出资源利用方案。对于占用水资源的投资项目，分析项目所在地水资源状况，包括水文及水文地质条件、地表水、地下水水质及水资源总量时空分布特征、年降雨量、现状水工程等情况，论证项目用水方案，内容包括用水量、用水速度、水源类型、取水口设置、用水工艺等。涉及矿产资源开发的项目，还应分析主矿产资源的采矿回采率、选矿回收率、产生尾矿数量等指标。

（2）资源节约及废弃物资源化利用措施。研究分析项目方案中作为原材料的各类金属矿、非金属矿和水资源节约以及项目废弃物资源化利用等的主要措施方案。对拟建项目资源消耗指标进行测算和分析，提出提高资源利用效率、降低资源消耗、实现资源再利用与再循环等方面的措施,计算采取资源节约和资源化利用措施后的资源消耗总量及强度,论证是否符合国家、行业和项目所在地区关于资源节约和有效利用的相关要求。

1)矿产资源节约措施。研究提出项目方案中作为原材料的各类金属矿、非金属矿等矿产资源的节约措施方案。对于占用稀缺性资源或者区域资源承载能力较低的项目建设方案,应尽可能寻找和比选替代方案。

2)水资源节约措施。拟建项目的工艺流程应采用节水型新技术、新工艺。对于技术改造项目,应详细说明原有水资源利用现状,通过改进生产工艺和设备,尽量不新增用水或少用新水,改造后合理高效利用水资源、提高水资源利用率;对易产生污染水资源的原料,应通过改进工艺条件,提高水资源利用率,降低水资源无效消耗,减少水污染。此外,工业项目还要提高工业用水回收率和重复利用率;农业项目需要推广节水灌溉技术和设备;城建项目需要增加污水处理设施,提高污水再生利用率。

3)再生资源回收利用措施。对于废钢铁、废有色金属、废塑料、废玻璃、废纸、废轮胎、废弃电气电子产品、报废汽车、废旧纺织品、废电池及新兴产业废弃物,投资项目应充分发挥再生资源回收利用对自然资源的替代效应和减排效应,坚持减量化优先,注重安全环保底线,加强统筹整合,提升再生资源分拣加工利用水平,全面提升全社会资源利用效率,为国家资源安全提供可靠稳定保障。

4)大宗固废资源化利用措施。对于煤矸石、粉煤灰、尾矿(共伴生矿)、冶炼渣、工业副产石膏、建筑垃圾、农作物秸秆等大宗固废,投资项目应坚持规模化和高值化并重、存量消纳和增量控制协同等原则,推进源头减量、资源化利用和无害化处置,提高大宗固废资源利用效率,推动大宗固废综合利用向高效、绿色、创新方向发展。

(3)资源利用效果评价。评价资源利用效率和水平,应从两个方面进行分析。一是计算项目资源消耗总量及强度指标,例如资源消耗综合指数,整体评价项目方案资源利用合理性;二是计算单位生产能力主要资源(矿产资源、土地资源、水资源等）消耗量，折算成标准煤消耗量，进行资源消耗对比分析。

2. 节能评价

（1）项目用能方案。确定项目能源使用方案，包括项目能源使用种类、来源及年总消费量；可再生能源使用种类、来源、消费量及其占项目能源消费总量的比例；单项工程能源使用种类、来源及年消费量；能源加工、转换、贮存和利用情况；对于改扩建项目，还应对原有生产工艺、设备和建筑物能耗进行分析，确定能源使用种类、来源及年总消费量；研究用能存在的主要问题，并对用能方案耗能情况做出评价分析。

（2）节能措施。投资项目节能措施主要包括节能技术措施、节能管理措施、单项节能工程等。其中，节能技术措施是主要节能潜力所在，重点分析生产工艺、动力、建筑、给排水、暖通与空调、照明、控制、电气等方面的具体措施，推广应用节能产品和技术，提高能源利用效率；节能管理措施主要包括节能管理机构和人员的设置、项目能源计量制度建设等情况；单项节能工程主要分析其工艺流程、设备选型、节能量、投资等，分析单项节能工程的技术指标及可行性。不同行业节能措施分析重点有所差异，应结合具体项目有针对性地分析评价。

（3）项目节能效果评价。

1）节能措施效果。投资项目节能分析应量化节能效果，包括：①分析计算主要节能措施的节能量，如项目年节能量（吨标准煤）等；②评价项目能效水平，通过单位产品（建筑面积）能耗、主要工序单位产品能耗等指标国内国际对比分析，判断能耗水平是否达到同行业国内外先进水平。

2）项目综合能源消费对所在地影响。投资项目对当地能源消费的影响评价是根据当地节能目标、能源消费和供应水平，结合当地单位地区生产总值（GDP）能耗、单位工业增加值能耗、经济发展预测（GDP 增速预测值）等，计算当地能源消费增量限额，将项目综合能源消费量与当地能源消费增量预测限额进行对比，分析判断项目综合能源消费对当地能源消费增量的影响。计算项目单位增加值能耗、单位工业增加值能耗、单位生产总值能耗等指标，分析项目对当地完成节能目标的影响。

3）节能措施的经济性评价。投资项目节能措施的经济性评价内容主要包括：①计算节能技术措施成本、节能效果及经济效益，评价节能技术措施的经济可行性；②计算节能管理措施成本、节能效果及经济效益，评价节能管理措施的经济可行性。

由于采取节能措施产生的效益和相关投入难以准确地界定，节能评价实践中该部分工作难度相对更大。在收集节能基础资料时，应该向建设单位明确提出节能投入的投资数量和构成，并进行相应的分析确认再引用。同时还要了解和掌握项目消耗能源的价格。在评价节能措施经济性时，可以先进行静态计算和分析；在条件成熟时，再进行动态分析。

4）节能协同效益影响。节能协同效益影响分析是指对减污降碳、人群健康改善带来的经济效益进行量化（货币化计算），并对项目节能方案的实施成本和效益进行比较。理想的情况下，量化减少能源使用带来的所有潜在的协同效益，包括难以量化和容易量化两个部分：①难以量化的协同效益，如避免酸化，富营养化，对其他作物的损害，污染清理费用和其他资本资产，以及其他由于技术进步、结构变化和行为改变带来的效益；②容易量化的协同效益，主要指节能方案的减污降碳和健康协同效益，如节能本身降低大气污染物排放量、温室气体排放量和减少对人体健康的危害等。

根据每项节能技术的资本成本、运行维护成本和年度节能量等必要的基础信息，计算包含协同效益的节能成本，对项目拟采用的节能技术方案进行择优排序，选取节能效果好、经济技术可行的节能技术措施方案。

6.4.3 研究方法

1. 资源消耗评价指标

资源消耗评价指标应根据项目具体情况进行灵活选择，主要包括：①综合资源消耗指标，包括水资源消耗指标、土地资源消耗指标等；②特定资源消耗指标，包括水耗指标、煤耗指标等；③工业产品强制性资源消耗准入指标；④各行业节约资源指标、设计规范标准等。

2. 资源利用效率评价方法

通过对单位生产能力或单位经济活动主要资源消耗量指标与国内外先进水平的对比分析，评价项目资源利用效率的先进程度。一般而言，资源消耗指标应达到国内外同行业先进水平。

3. 项目节能评价方法

投资项目节能评价通用方法包括标准对照法、类比分析法、专家判断法等，可根据项目特点选择使用一种或多种方法。

节能措施效果量化分析方法主要采用对比方法，如建设前后对比、与国家或行业标准规范要求指标对比、不同建设方案对比、与国内外先进水平对比等。

6.4.4 应用说明

（1）涉及矿产资源开发的投资项目，对于多金属、多用途化学元素共伴生矿产资源应分析各种元素的综合回收利用率；对于油气混合矿等，应研究资源综合利用方案，可采用先进的开采工艺和设备以提高采收率，分析在油气产品生产与储运过程中，降低烃类放空损耗，采取回收措施以提高油品产品的回收率。

（2）在资源利用分析中，应阐述项目资源节约措施是否符合资源节约综合利用政策及相关专项规划的要求，就如何提高项目资源利用效率、降低资源消耗、实现资源再利用与再循环提出对策。投资项目应按照相关标准规范开展绿色建筑等级评价。

（3）投资项目节能评价工作需要综合考虑当地能源消费和供应水平、节能减排目标和经济发展速度等主要因素，预测当地能源消费增量限额，结合项目年综合能源消费量、单位增加值能耗、单位工业增加值能耗，分析判断项目建成投产后对当地能源消费增量的影响、对当地完成节能目标的影响，做好项目所在地区能耗总量和强度调控工作。

（4）投资项目节能评价应把握以下原则：

1）节能评价应为项目全生命周期各环节能耗管理服务。

2）恰当选择用能标准和节能规范。

3）节能措施应充分体现行业特点。

4）能耗指标需要对标分析。

5）强化能耗强度降低约束性指标管理。

（5）由于采取节能措施产生的效益和相关投入难以准确地界定，节能评价实践中该部分工作难度相对更大。在收集节能基础资料时，应向建设单位明确提出节能投入的投资数量和构成，并进行相应的分析确认再引用。同时还要了解和掌握项目消耗能源的价格。在评价节能措施经济性时，可以先进行静态计算和分析；在条件成熟时，再进行动态分析。

模块 6.5　碳排放影响分析

6.5.1　研究目的

对于高耗能、高排放项目，在项目资源与能源利用效果分析的基础上，预测并核算项目年度碳排放总量，提出项目碳排放控制方案，明确拟采取减少碳排放的路径与方式，分析项目对所在地区碳达峰碳中和目标实现的影响。

6.5.2　研究内容

1. 碳排放核算

投资项目碳排放核算重点研究建设期项目碳排放、运营期项目碳排放两方面。

（1）建设期项目碳排放。建设期项目碳排放核算边界包括建设项目的直接排放和间接排放两部分，分析核算项目建设施工期间，因施工机械、运输设备、仓储设备等消耗煤炭、石油、天然气等化石燃料带来的直接碳排放，以及净购入热力、电力带来的间接碳排放。

（2）运营期项目碳排放。运营期项目碳排放核算边界为项目生产运行阶段的化石燃料燃烧直接排放、工业生产过程排放以及净购入电力、热力排放，分析核算项目生产运行阶段，因煤炭、石油、天然气等化石燃料燃烧活动带来的直接碳排放，在生产、废弃物处理处置等过程中除燃料燃烧之外的物理或化学变化造成的工业过程碳排放，以及因使用外购热力、电力带来的间接碳排放。

（3）重点产品碳排放。重点产品碳排放核算边界为生产产品的化石燃料燃烧直接排放、工业生产过程排放以及净购入电力、热力排放，分析核算项目运行阶段生产加工的各类产品，因煤炭、石油、天然气等化石燃料燃烧活动带来的直接碳排放，在生产、废弃物处理处置等过程中除燃料燃烧之外的物理或化学变化造成的工业过程碳排放，以及因使用外购热力、电力带来的间接碳排放，不包括产品上游和下游隐含的碳排放。结合项目产能，核算生产加工单位产品的碳排放。

2. 碳排放评价

以国家和省级公开发布的碳排放强度基准（标准）为依据，评价投资项目碳排放水平。与所在区域碳排放情况对比，评价项目对所在地区碳排放强度考核和碳达峰目标实现的影响程度。与所属行业碳排放基准（标准）进行对比，研判项目绿色低碳化水平。评价指标包括但不限于单位产值增加值碳排放、单位 GDP 碳排放、单位能耗碳排放等。

3. 拟采取减少碳排放的措施

提出拟采取减少碳排放的措施和计划，明确落实节能降碳的路径与方式，包括但不限于调整优化能源结构，加强节能管理，提升用能设备能效，加强废弃物和副产物资源化利用，优化工艺技术，应用先进绿色低碳技术，强化碳排放监测管理，开展碳捕集、利用和封存（CCUS）等。

4. 对所在地区碳达峰碳中和目标实现的影响

依据所在地区公开发布数据，结合项目规模、产值、碳排放量等实际情况，分析项目建设及运营对所在地区碳排放强度考核目标可达性的影响程度。综合分析投资项目与国家、所在地区和行业碳达峰行动方案的符合性，判断项目建设及运营对区域碳达峰碳中和目标实现时间和峰值的影响。

6.5.3　研究方法

投资项目对碳排放的影响应分阶段核算和评价建设期和运营期碳排放。核算边界包括投资项目的建设期和运营期直接消费的化石燃料、项目建设期和运营期购入电力、热力碳排放；若项目运营期涉及生产过程排放，也应将其纳入计算。相关排放核算方法应以国家公布的核算方法为准。

6.5.4　应用说明

投资项目碳排放影响评价应做好与能耗双控、碳双控制度衔接，以及分析对当地实现碳达峰碳中和目标的影响。投资项目可行性研究应结合各地区实际情况，确定投资项目是否纳入"两高"项目管理清单，未纳入"两高"管理清单的投资项目可以不做碳排放影响评价。

七、风险管控方案

可行性研究应对投资项目全生命周期活动可能存在的风险进行识别和评价，确定需要管控的主要风险，并提出风险回避、控制、转移及自担等应对措施，以及对应的风险信息监测和预警机制。拟建项目重大风险应制定应急预案，包括机构设置、处置机制及培训、演练要求等。重大项目社会稳定风险应进行专题分析。

模块 7.1　风险识别与评价

7.1.1　研究目的

基于前述各模块的综合分析，对项目实施存在的风险因素和可能导致的风险事件进行系统筛选、确认和分类，评价各类风险发生的可能性和风险发生造成的损失，判断各风险的重要程度，确定项目面临的主要风险。

7.1.2　研究内容

1. 风险识别

风险识别应系统地识别影响项目目标实现的各类风险因素、风险性质、风险特征、产生条件和可能引发的后果，加以判断、归类和鉴定，建立项目的风险清单，为风险管理的后续工作提供基础和依据。

（1）主要风险类型

识别项目市场需求、产业链供应链、关键技术、工程建设、运营管理、投融资、财务效益、生态环境、社会影响、网络与数据安全等方面潜在的风险以及引起这些风险的具体风险因素。

1）市场需求风险。主要关注项目产出的供需、竞争力及价格等方面的风险。

2）产业链供应链风险。主要关注产业链供应链系统中可能存在的"断供"

风险。

3）关键技术风险。主要关注技术规范、关键材料、关键设备、图纸设计等方面的风险。

4）工程建设风险。主要关注项目建设阶段的质量、成本、进度、安全及环境等方面的风险。

5）运营管理风险。主要关注项目运营阶段的市场变化、运营管理、卫生健康、安全生产、生态环境、消防等方面的风险。

6）投融资风险。主要关注利率、汇率、资金来源、资金成本、资金供应量和供应时间等方面的风险。

7）财务效益风险。主要关注可能影响财务评价指标的各种风险因素，如建设投资、生产负荷、产品服务价格、主要原材料和燃料动力价格、汇率等风险因素。

8）生态环境风险。主要关注大气、水环境、土壤环境等方面的风险。

9）社会影响风险。主要关注经济利益受损、社会利益分配、社会利益调整、社会冲突和社会治安、项目的自然资源利用、环境、生态、经济、政治、安全、技术等产生影响、脆弱性等导致的社会风险。

10）网络与数据安全风险。主要关注数据泄露、数据篡改、数据滥用、违规传输、非法访问、流量异常等风险。

（2）风险识别内容

1）针对以上主要风险类型，结合项目特点，搜集整理相关数据和信息。

2）在收集信息的基础上，运用结构分解和系统归纳等方法，确定项目中存在的风险因素及其可能引发的各类风险事件，并对其进行归纳和分类。

3）根据归纳和分类的结果，确定项目的风险清单。

2. 风险估计

风险估计是在风险识别后对项目风险事件发生的可能性、风险事件影响范围、风险事件发生的时间、风险承担主体的韧性和脆弱性进行分析，确定风险后果的严重程度，即风险程度。

（1）风险事件发生的可能性分析。统计风险事件的时间概率分布和空间概率分布，预测投资项目发生该风险事件的概率。风险事件发生的可能性一般划分为5级，可以用高、中高、中、中低、低等级或1~5分分值进行描述。

（2）风险承担主体及其韧性分析。根据公平原则、归责原则、风险收益对等原则、风险管理成本最低原则、风险上限原则、风险偏好原则等，确定不同风险的风险承担主体，包括公众、项目单位和政府等，并分析风险承担主体面对不同风险的韧性/脆弱性。

（3）风险事件后果严重程度分析。确定各个风险事件的影响范围以及利益相关者，并估计风险事件的发生对投资项目的影响程度，包括风险事件发生可能对项目质量、进度、成本、声誉等方面的危害程度。影响程度的描述方式可与风险发生可能性的描述方式一致，一般划分为5级，最多不超过7级。

3. 风险评价

在风险识别和风险估计的基础上，通过相应的指标体系和评价标准，对风险程度进行划分，以解释影响项目成败的关键风险因素，确定项目面临的重大风险。

（1）确定项目各风险因素的风险水平评价标准，即主观可接受水平。项目风险承担者根据风险事件发生后的影响程度，确定可以接受的水平。

（2）确定项目各风险因素的风险水平（客观风险水平）。根据风险事件的发生概率、造成损失和风险承担主体韧性的情况，确定项目各风险因素的风险水平。

（3）比较风险客观水平和主观水平。对项目各个风险的风险水平与风险评价标准进行比较，确定其是否在可接受的范围之内。

（4）确定风险等级。根据比较情况分析确定不同风险对项目目标影响的严重程度，并进行排序。风险等级一般不超过5级，可以采用极低、低、中、高、极高进行描述。在此基础上，确定项目面临的主要风险。

7.1.3　研究方法

风险识别的主要方法包括解析法、风险结构分解法、专家调查法、故障树、事件树、问卷调查和情景分析法等。

风险估计的主要方法包括客观概率估计法、主观概率估计法、风险评价表、风险概率分布、概率树分析、蒙特卡洛模拟法、决策矩阵法等。

7.1.4　应用说明

（1）风险识别与评价的范围应涵盖项目全生命周期各个阶段可能发生的风险。

（2）风险识别和评价的主要成果是确定项目风险清单，对项目风险进行分类描述，事项涵盖风险类别、风险事件、风险概率、影响程度及后果的严重程度等。

（3）项目主要风险范围应注意借鉴同类项目经验，特别是类似项目的后评价结果。可运用"逆向思维"方式审视项目，识别可能导致项目"不可行"的因素，以充分揭示项目风险来源。

模块 7.2　主要风险管控方案

7.2.1　研究目的

针对确定的项目主要风险，研究提出风险应对措施及风险信息监测和预警机制，以有效降低风险的负面效应。

7.2.2　研究内容

1.常用风险管控方式

根据各类风险性质和大小，可采用回避、控制、转移及自担四种风险管控方式将客观风险控制在主观可接受范围内。

（1）风险回避是指风险发生的可能、影响程度或后果的严重程度超出项目单位能够承受的范围，从而需要回避此类风险。

（2）风险控制是指项目单位在采取适当措施后，将风险控制在能够承受的范围内。

（3）风险转移是指项目单位将风险转移给更有能力控制的其他参与方，一般可采取保险、合同等形式。

（4）风险自担是指项目单位不需要采取特定措施，能够接受相应的风险。

2.风险防范和化解措施

结合项目特点和风险评价结果，分类研究提出风险防范和化解措施，明确风险管控的目标、时间节点和管控主体。

（1）对识别出的主要风险提出针对性的抑制或减轻措施，降低风险发生的概率或影响程度，从而降低风险程度。

（2）对于某些主要风险，如果其风险程度无法通过风险管控措施降至可接受水平，必须明确提出终止或放弃项目的建议。

（3）对于采取风险管控措施后可以有效降低风险程度的风险，只要其风险因素处于可控状态，通过制定可行的风险应急处置预案，可由项目相关主体自担风险。

3.风险信息监测和预警

风险监测是在项目全生命周期内对项目主要风险进行的动态管理，通常应设置相应的信息监测和预警方案，包括明确关键指标、预警阈值、监控措施、报告机制等事项。重点监测并记录项目的主要风险状态、风险承担主体的可接受水平、风险应对和管控措施的落实效果，并与风险管理目标相比较，及时发现风险因素变化。如果出现显著偏差，应及时反馈给项目单位和风险责任主体，并对管控措施进行适应性调整。

7.2.3　研究方法

（1）风险管控方案制定研究方法主要包括专家研讨法、案例分析法、问卷调查法等。

（2）风险监测研究方法主要包括审核检查法、偏差和趋势分析法、风险表检查法和风险预警法等。

7.2.4　应用说明

（1）制定风险管控方案应充分考虑项目类型、项目单位等实际情况。由于不同的投资者对于风险的偏好和承受能力不同，导致其选择的风险决策准则存在差异。常见的风险决策准则包括最大盈利准则、期望值准则、最小损失准则、满意度准则等。

（2）对于重大项目，应单独对社会稳定风险进行调查分析，主要研究内容详见"模块 7.4　重大项目社会稳定风险评估"。

模块 7.3　重大风险应急预案

7.3.1　研究目的

建立应急管理机制，制定重大风险应急预案，妥善处置风险事件，有效降低重大风险后果的严重程度。

7.3.2　研究内容

1. 建立应急管理机制

应急管理机制是指为有效预防和应对突发事件，避免、减少和减缓突发事件造成的危害，消除其对投资项目产生的各类负面影响而建立起来的以项目单位为主体、项目各利益相关单位共同参与的有机体系。

针对重大投资项目，项目单位应制定应急管理机制，成立专门的风险管理机构，明确领导小组和风险管理部门及其工作职责。风险管理部门制定项目风险应急预案及管理体系，具体组织模拟或演练，定期进行教育培训，确保相关操作人员持证上岗；政府相关部门也应制定重大项目突发事件的应急处置预案，内容包括工作目标、组织机构、工作职责、工作要求、应急保障、处理原则、责任追究等。

2. 研究制定应急预案

应急预案是在风险评价的基础上，对应急机构与职责、人员、技术、装备、设施（备）、物资、救援行动及其指挥与协调等方面预先做出的具体安排。

（1）机构设置。研究提出应急组织形式及应急处置职责，主要包括组织架构、部门设置、成员构成以及职权和义务等事项。

（2）预警机制。研究提出监测、预警和信息报告等相关事项要求。

1）监测。明确风险信息监测的要求和方法。

2）预警。明确预警条件、预警行动、预警调整与解除等相关内容和要求。

3）信息报告。明确信息接报、信息上报与传递等相关事项要求。

（3）应急响应。若风险征兆达到响应启动条件，应急领导小组应作出预警启动的决策，做好响应准备，实时跟踪事态发展。响应启动后，应注意跟踪事态发展，科学分析处置需求，及时调整响应级别，避免响应不足或过度响应。

1）响应分级。依据事故危害程度、影响范围和项目单位控制事态的能力，对事故应急响应进行分级，明确分级响应的基本原则。

2）响应程序。明确响应启动、响应行动、响应调整等程序的内容和要求。

3）应急措施。针对可能发生的事故风险、事故危害程度和影响范围，研究提出相应的应急处置措施，明确处置原则和具体要求。

（4）后期处置。研究提出污染物处理、建设（运营）秩序恢复、医疗救治、人员安置、善后赔偿等后期处置内容和要求。

（5）应急保障。研究提出通信与信息保障、应急队伍保障、经费保障、物资装备保障和其他保障的相关措施。

（6）预案管理。研究提出应急预案的评估、修订以及培训、演练等事项的具体要求。需要备案的应急预案，还应明确报备部门、备案方式和审核要求。

7.3.3　研究方法

常用研究方法包括但不限于调研访谈法、问卷调查法、专家研讨法、概率影响矩阵等。

7.3.4　应用说明

按预案的适用对象范围分类，可将应急预案划分为综合应急预案、专项应急预案和现场处置方案三类。项目单位应根据有关法律、法规和相关标准，结合本单位组织管理体系、项目类型、建设（生产）规模和可能发生的事故特点，科学合理地确立项目主要风险应急预案体系，并注意与其他类别应急预案相衔接。

模块 7.4　重大项目社会稳定风险评估

7.4.1　研究目的

对于重大项目，应当对社会稳定风险进行调查分析，查找并列出风险点、风险发生的可能性及影响程度，提出防范和化解风险的方案措施，以及采取相关措施后的社会稳定风险等级建议。对可能引发"邻避"问题的，应提出综合管控方案，保证影响社会稳定的风险在采取措施后处于低风险且可控状态。

7.4.2　研究内容

1. 风险调查

根据项目实际情况，基于风险分析评价成果，开展风险调查。调查内容主要包括拟建项目的合法性；拟建项目所在地周边的自然环境现状和社会环境状况，以及项目实施可能对当地经济社会的影响；利益相关者对拟建项目建设实施的意见和诉求；拟建项目所在地政府及其有关部门、基层政府和基层组织、社会团体的态度；媒体对拟建项目建设实施的态度；同类项目曾引发的社会稳定风险等。

2. 风险识别

围绕拟建项目的建设和运行是否可能使群众的合法权益遭受侵害，从拟建项目各阶段可能对外产生的负面影响，项目与当地经济社会的相互适应性等方面，全面、动态、全程识别拟建项目建设和运行可能诱发的社会矛盾和社会稳定风险事件，识别影响拟建项目总体目标顺利实现的社会稳定风险因素。

3. 风险评价

通过采用定性与定量相结合的方法，对每个主要风险因素的风险程度进行分析、预测和估计，剖析引发社会稳定风险的直接和间接原因，预测和估计可能引发的风险事件，分析其引发风险事件的可能性，估计发生的概率，分析影响程度（后果），判断其风险程度，找出主要风险因素。

4. 主要风险管控方案

针对影响社会稳定风险的主要风险因素制定应对措施，一般包括回避、控制、转移及自担等类型，确定风险防范、化解的目标，提出落实措施的责任主体、协助单位、防范责任和具体工作内容，明确风险控制的节点和时间。

5. 风险等级评价

对采取主要风险管控方案后的社会稳定风险进行综合评价，判断风险高、中、低等级。

7.4.3 研究方法

风险调查的方式包括全面调查、抽样调查、个案调查和典型调查。风险识别的方法包括观察法、访谈法、文献法、问卷法、实验法等。

项目社会稳定风险评价以定性评价为主，可采用概率影响矩阵进行分析。项目采取管控措施后，如果所有的涉稳风险都是低风险且处于可控状态，即可认为项目属于低风险等级，项目可行。

7.4.4 应用说明

（1）涉及可能引发社会稳定风险的工程项目，可行性研究阶段应进行社会稳定风险的分析和评估。

（2）社会稳定风险评估应根据相关法律法规和项目所在地政府有关要求开展。

（3）情况较简单、外部性影响非常小、社会稳定风险非常低的项目可以从简分析。特别重大和敏感的项目，应形成单独的社会稳定风险分析报告。

附 录

投资项目可行性研究报告
编写大纲及说明

国家发展改革委关于印发投资项目
可行性研究报告编写大纲及说明的通知

（发改投资规〔2023〕304 号）

全国人大常委会办公厅，国务院各部委、各直属机构，全国政协办公厅，最高人民法院，最高人民检察院，中直管理局，各省、自治区、直辖市及计划单列市、新疆生产建设兵团发展改革委：

为着力推动高质量发展，巩固和深化投融资体制改革成果，进一步提升我国投资项目前期工作质量和水平，根据《政府投资条例》《企业投资项目核准和备案管理条例》等规定，在 2002 年《投资项目可行性研究指南（试用版）》基础上，我委研究制定了《政府投资项目可行性研究报告编写通用大纲（2023 年版）》《企业投资项目可行性研究报告编写参考大纲（2023 年版）》和《关于投资项目可行性研究报告编写大纲的说明（2023 年版）》（以下分别简称《通用大纲》《参考大纲》和《编写说明》）。现印发给你们，请按照执行，并就有关事项通知如下：

一、加强项目可行性研究，提升投资决策科学化水平

党的二十大报告指出，要着力推动高质量发展，增强投资对优化供给结构的关键作用。高质量发展需要高质量的投资，高质量的投资需要高质量的决策。可行性研究是投资决策的核心环节，加强投资项目可行性研究是提升投资决策科学化水平的必然要求。《通用大纲》《参考大纲》和《编写说明》是指导有关方面开展投资项目可行性研究工作的指南，也是加强和改进投资项目决策管理的载体。要以可行性研究报告编写大纲实施为契机，推动各有关方面高度重视项目可行性

研究工作，更加注重项目全生命周期管理，更加注重把握可行性研究的重点，更加注重防控项目建设实施风险，切实提升投资项目前期工作和投资决策的质量，为扩大有效投资，促进高质量发展提供有力支撑。

二、区分项目性质，实施好可行性研究报告编写大纲

可行性研究报告编写大纲适用于我国境内各行业各类投资项目的可行性研究工作，是投资项目决策的重要依据。其中，政府投资项目可行性研究报告原则上应按照《通用大纲》进行编写，并作为各级政府及有关部门审批政府投资项目的基本依据。《参考大纲》主要是在落实企业投资自主权基础上，引导企业重视项目可行性研究，加强投资项目内部决策管理，促进依法合规生产经营，实现健康可持续发展。《编写说明》是对大纲的解释和阐述。在编写、审核项目可行性研究报告时，应同时借鉴和参考使用大纲及说明有关内容。

在编写具体项目的可行性研究报告时，可结合项目实际情况对大纲所要求的内容予以适当调整。对于建设内容单一、投资规模较小、技术方案简单的项目，可按照国家有关规定简化大纲中的有关内容。对于重大或复杂项目，可在可行性研究报告正文之前形成摘要，综述项目概况、可行性研究过程、主要结论和建议等内容。

三、兼顾行业特点和要求，细化优化可行性研究报告编写大纲

《通用大纲》和《参考大纲》是对投资项目可行性研究报告编写内容和深度的一般要求和基础指引。为更好适应不同行业领域的特点和要求，有关行业主管部门可参照编写大纲，在征求我委意见、反映行业特殊性，并根据实际需要对编写大纲有关内容进行合理调整的基础上，制定适用具体行业或领域的可行性研究报告编写大纲或实施细则。

四、加强跟踪反馈，建立可行性研究报告编写大纲动态调整机制

各方面对《通用大纲》《参考大纲》和《编写说明》的意见建议，请及时收

集、认真整理并反馈我委。我委将建立可行性研究报告编写大纲动态调整机制，根据新形势新要求并结合各方面反馈意见，适时予以修订。

　　本通知有关内容由国家发展改革委负责解释，自 5 月 1 日起施行。此前有关规定与本通知要求不一致的，以本通知为准。

国家发展改革委

2023 年 3 月 23 日

政府投资项目可行性研究报告编写通用大纲

（2023 年版）

一、概述

（一）项目概况

项目全称及简称。概述项目建设目标和任务、建设地点、建设内容和规模（含主要产出）、建设工期、投资规模和资金来源、建设模式、主要技术经济指标、绩效目标等。

（二）项目单位概况

简述项目单位基本情况。拟新组建项目法人的，简述项目法人组建方案。对于政府资本金注入项目，简述项目法人基本信息、投资人（或者股东）构成及政府出资人代表等情况。

（三）编制依据

概述项目建议书（或项目建设规划）及其批复文件、国家和地方有关支持性规划、产业政策和行业准入条件、主要标准规范、专题研究成果，以及其他依据。

（四）主要结论和建议

简述项目可行性研究的主要结论和建议。

二、项目建设背景和必要性

（一）项目建设背景

简述项目立项背景，项目用地预审和规划选址等行政审批手续办理和其他前期工作进展。

（二）规划政策符合性

阐述项目与经济社会发展规划、区域规划、专项规划、国土空间规划等重大规划的衔接性，与扩大内需、共同富裕、乡村振兴、科技创新、节能减排、碳达峰碳中和、国家安全和应急管理等重大政策目标的符合性。

（三）项目建设必要性

从重大战略和规划、产业政策、经济社会发展、项目单位履职尽责等层面，综合论证项目建设的必要性和建设时机的适当性。

三、项目需求分析与产出方案

（一）需求分析

在调查项目所涉产品或服务需求现状的基础上，分析产品或服务的可接受性或市场需求潜力，研究提出拟建项目功能定位、近期和远期目标、产品或服务的需求总量及结构。

（二）建设内容和规模

结合项目建设目标和功能定位等，论证拟建项目的总体布局、主要建设内容及规模，确定建设标准。大型、复杂及分期建设项目应根据项目整体规划、资源利用条件及近远期需求预测，明确项目近远期建设规模、分阶段建设目标和建设进度安排，并说明预留发展空间及其合理性、预留条件对远期规模的影响等。

（三）项目产出方案

研究提出拟建项目正常运营年份应达到的生产或服务能力及其质量标准要求，并评价项目建设内容、规模以及产出的合理性。

四、项目选址与要素保障

（一）项目选址或选线

通过多方案比较，选择项目最佳或合理的场址或线路方案，明确拟建项目场址或线路的土地权属、供地方式、土地利用状况、矿产压覆、占用耕地和永久基本农田、涉及生态保护红线、地质灾害危险性评估等情况。备选场址方案或线路方案比选要综合考虑规划、技术、经济、社会等条件。

（二）项目建设条件

分析拟建项目所在区域的自然环境、交通运输、公用工程等建设条件。其中，自然环境条件包括地形地貌、气象、水文、泥沙、地质、地震、防洪等；交通运输条件包括铁路、公路、港口、机场、管道等；公用工程条件包括周边市政道路、水、电、气、热、消防和通信等。阐述施工条件、生活配套设施和公共服务依托条件等。改扩建工程要分析现有设施条件的容量和能力，提出设施改扩建和利用方案。

（三）要素保障分析

土地要素保障。分析拟建项目相关的国土空间规划、土地利用年度计划、建设用地控制指标等土地要素保障条件，开展节约集约用地论证分析，评价用地规模和功能分区的合理性、节地水平的先进性。说明拟建项目用地总体情况，包括地上（下）物情况等；涉及耕地、园地、林地、草地等农用地转为建设用地的，说明农用地转用指标的落实、转用审批手续办理安排及耕地占补平衡的落实情况；涉及占用永久基本农田的，说明永久基本农田占用补划情况；如果项目涉及用海用岛，应明确用海用岛的方式、具体位置和规模等内容。

资源环境要素保障。分析拟建项目水资源、能源、大气环境、生态等承载能力及其保障条件，以及取水总量、能耗、碳排放强度和污染减排指标控制要求等，说明是否存在环境敏感区和环境制约因素。对于涉及用海的项目，应分析利用港口岸线资源、航道资源的基本情况及其保障条件；对于需围填海的项目，应分析围填海基本情况及其保障条件。对于重大投资项目，应列示规划、用地、用水、用能、环境以及可能涉及的用海、用岛等要素保障指标，并综合分析提出要素保障方案。

五、项目建设方案

（一）技术方案

通过技术比较提出项目预期达到的技术目标、技术来源及其实现路径，确定核心技术方案和核心技术指标。简述推荐技术路线的理由。对于专利或关键核心技术，需要分析其取得方式的可靠性、知识产权保护、技术标准和自主可控性等。

（二）设备方案

通过设备比选提出所需主要设备（含软件）的规格、数量、性能参数、来源和价格，论述设备（含软件）与技术的匹配性和可靠性、设备（含软件）对工程方案的设计技术需求，提出关键设备和软件推荐方案及自主知识产权情况。对于关键设备，进行单台技术经济论证，说明设备调研情况；对于非标设备，说明设备原理和组成。对于改扩建项目，分析现有设备利用或改造情况。涉及超限设备的，研究提出相应的运输方案，特殊设备提出安装要求。

（三）工程方案

通过方案比选提出工程建设标准、工程总体布置、主要建（构）筑物和系统设计方案、外部运输方案、公用工程方案及其他配套设施方案。工程方案要充分考虑土地利用、地上地下空间综合利用、人民防空工程、抗震设防、防洪减灾、消防应急等要求，以及绿色和韧性工程相关内容，并结合项目所属行业特点，细化工程方案有关内容和要求。涉及分期建设的项目，需要阐述分期建设方案；涉及重大技术问题的，还应阐述需要开展的专题论证工作。

（四）用地用海征收补偿（安置）方案

涉及土地征收或用海海域征收的项目，应根据有关法律法规政策规定，提出征收补偿（安置）方案。土地征收补偿（安置）方案应当包括征收范围、土地现状、征收目的、补偿方式和标准、安置对象、安置方式、社会保障、补偿（安置）费用等内容。用海用岛涉及利益相关者的，应根据有关法律法规政策规定等，确定利益相关者协调方案。

（五）数字化方案

对于具备条件的项目，研究提出拟建项目数字化应用方案，包括技术、设备、工程、建设管理和运维、网络与数据安全保障等方面，提出以数字化交付为目的，实现设计－施工－运维全过程数字化应用方案。

（六）建设管理方案

提出项目建设组织模式和机构设置，制定质量、安全管理方案和验收标准，明确建设质量和安全管理目标及要求，提出拟采用新材料、新设备、新技术、新工艺等推动高质量建设的技术措施。根据项目实际提出拟实施以工代赈的建设任务等。

提出项目建设工期，对项目建设主要时间节点做出时序性安排。提出包括招标范围、招标组织形式和招标方式等在内的拟建项目招标方案。研究提出拟采用的建设管理模式，如代建管理、全过程工程咨询服务、工程总承包（EPC）等。

六、项目运营方案

（一）运营模式选择

研究提出项目运营模式，确定自主运营管理还是委托第三方运营管理，并说明主要理由。委托第三方运营管理的，应提出对第三方的运营管理能力要求。

（二）运营组织方案

研究项目组织机构设置方案、人力资源配置方案、员工培训需求及计划，提出项目在合规管理、治理体系优化和信息披露等方面的措施。

（三）安全保障方案

分析项目运营管理中存在的危险因素及其危害程度，明确安全生产责任制，建立安全管理体系，提出劳动安全与卫生防范措施，以及项目可能涉及的数据安全、网络安全、供应链安全的责任制度或措施方案，并制定项目安全应急管理预案。

（四）绩效管理方案

研究制定项目全生命周期关键绩效指标和绩效管理机制，提出项目主要投入产出效率、直接效果、外部影响和可持续性等管理方案。大型、复杂及分期建设项目，应按照子项目分别确定绩效目标和评价指标体系，并说明影响项目绩效目标实现的关键因素。

七、项目投融资与财务方案

（一）投资估算

对项目建设和生产运营所需投入的全部资金即项目总投资进行估算，包括建设投资、建设期融资费用和流动资金，说明投资估算编制依据和编制范围，明确建设期内分年度投资计划。

（二）盈利能力分析

根据项目性质，确定适合的评价方法。结合项目运营期内的负荷要求，估算项目营业收入、补贴性收入及各种成本费用，并按相关行业要求提供量价协议、框架协议等支撑材料。通过项目自身的盈利能力分析，评价项目可融资性。对于政府直接投资的非经营性项目，开展项目全生命周期资金平衡分析，提出开源节流措施。对于政府资本金注入项目，计算财务内部收益率、财务净现值、投资回收期等指标，评价项目盈利能力；营业收入不足以覆盖项目成本费用的，提出政府支持方案。对于综合性开发项目，分析项目服务能力和潜在综合收益，评价项目采用市场化机制的可行性和利益相关方的可接受性。

（三）融资方案

研究提出项目拟采用的融资方案，包括权益性融资和债务性融资，分析融资结构和资金成本。说明项目申请财政资金投入的必要性和方式，明确资金来源，提出形成资金闭环的管理方案。对于政府资本金注入项目，说明项目资本金来源和结构、与金融机构对接情况，研究采用权益型金融工具、专项债、公司信用类债券等融资方式的可行性，主要包括融资金额、融资期限、融资成本等关键要素。对于具备资产盘活条件的基础设施项目，研究项目建成后采取基础设施领域不动产投资信托基金（REITs）等方式盘活存量资产、实现项目投资回收的可能路径。

（四）债务清偿能力分析

对于使用债务融资的项目，明确债务清偿测算依据和还本付息资金来源，分析利息备付率、偿债备付率等指标，评价项目债务清偿能力，以及是否增加当地政府财政支出负担、引发地方政府隐性债务风险等情况。

（五）财务可持续性分析

对于政府资本金注入项目，编制财务计划现金流量表，计算各年净现金流量和累计盈余资金，判断拟建项目是否有足够的净现金流量维持正常运营。对于在项目经营期出现经营净现金流量不足的项目，研究提出现金流接续方案，分析政府财政补贴所需资金，评价项目财务可持续性。

八、项目影响效果分析

（一）经济影响分析

对于具有明显经济外部效应的政府投资项目，计算项目对经济资源的耗费和实际贡献，分析项目费用效益或效果，以及重大投资项目对宏观经济、产业经济、区域经济等所产生的影响，评价拟建项目的经济合理性。

（二）社会影响分析

通过社会调查和公众参与，识别项目主要社会影响因素和主要利益相关者，分析不同目标群体的诉求及其对项目的支持程度，评价项目采取以工代赈等方式在带动当地就业、促进技能提升等方面的预期成效，以及促进员工发展、社区发展和社会发展等方面的社会责任，提出减缓负面社会影响的措施或方案。

（三）生态环境影响分析

分析拟建项目所在地的环境和生态现状，评价项目在污染物排放、地质灾害防治、防洪减灾、水土流失、土地复垦、生态保护、生物多样性和环境敏感区等方面的影响，提出生态环境影响减缓、生态修复和补偿等措施，以及污染物减排措施，评价拟建项目能否满足有关生态环境保护政策要求。

（四）资源和能源利用效果分析

研究拟建项目的矿产资源、森林资源、水资源（含非常规水源）、能源、再生资源、废物和污水资源化利用，以及设备回收利用情况，通过单位生产能力主要资源消耗量等指标分析，提出资源节约、关键资源保障，以及供应链安全、节能等方面措施，计算采取资源节约和资源化利用措施后的资源消耗总量及强度。

计算采取节能措施后的全口径能源消耗总量、原料用能消耗量、可再生能源消耗量等指标，评价项目能效水平以及对项目所在地区能耗调控的影响。

（五）碳达峰碳中和分析

对于高耗能、高排放项目，在项目能源资源利用分析的基础上，预测并核算项目年度碳排放总量、主要产品碳排放强度，提出项目碳排放控制方案，明确拟采取减少碳排放的路径与方式，分析项目对所在地区碳达峰碳中和目标实现的影响。

九、项目风险管控方案

（一）风险识别与评价

识别项目全生命周期的主要风险因素，包括需求、建设、运营、融资、财务、经济、社会、环境、网络与数据安全等方面，分析各风险发生的可能性、损失程度，以及风险承担主体的韧性或脆弱性，判断风险后果的严重程度，研究确定项目面临的主要风险。

（二）风险管控方案

结合项目特点和风险评价，有针对性地提出项目主要风险的防范和化解措施。重大项目应当对社会稳定风险进行调查分析，查找并列出风险点、风险发生的可能性及影响程度，提出防范和化解风险的方案措施，提出采取相关措施后的社会稳定风险等级建议。对可能引发"邻避"问题的，应提出综合管控方案，保证影响社会稳定的风险在采取措施后处于低风险且可控状态。

（三）风险应急预案

对于拟建项目可能发生的风险，研究制定重大风险应急预案，明确应急处置及应急演练要求等。

十、研究结论及建议

（一）主要研究结论

从建设必要性、要素保障性、工程可行性、运营有效性、财务合理性、影响可持续性、风险可控性等维度分别简述项目可行性研究结论，评价项目在经济、社会、环境等各方面效果和风险，提出项目是否可行的研究结论。

（二）问题与建议

针对项目需要重点关注和进一步研究解决的问题，提出相关建议。

十一、附表、附图和附件

根据项目实际情况和相关规范要求，研究确定并附具可行性研究报告必要的附表、附图和附件等。

企业投资项目可行性研究报告编写参考大纲

（2023 年版）

一、概述

（一）项目概况

项目全称及简称。概述项目建设目标和任务、建设地点、建设内容和规模（含主要产出）、建设工期、投资规模和资金来源、建设模式、主要技术经济指标等。

（二）企业概况

简述企业基本信息、发展现状、财务状况、类似项目情况、企业信用和总体能力，有关政府批复和金融机构支持等情况。分析企业综合能力与拟建项目的匹配性。属于国有控股企业的，应说明其上级控股单位的主责主业，以及拟建项目与其主责主业的符合性。

（三）编制依据

概述国家和地方有关支持性规划、产业政策和行业准入条件、企业战略、标准规范、专题研究成果，以及其他依据。

（四）主要结论和建议

简述项目可行性研究的主要结论和建议。

二、项目建设背景、需求分析及产出方案

（一）规划政策符合性

简述项目建设背景和前期工作进展情况，论述拟建项目与经济社会发展规划、产业政策、行业和市场准入标准的符合性。

（二）企业发展战略需求分析

对于关系企业长远发展的重大项目，论述企业发展战略对拟建项目的需求程度和拟建项目对促进企业发展战略实现的重要性和紧迫性。

（三）项目市场需求分析

结合企业自身情况和行业发展前景，分析拟建项目所在行业的业态、目标市场环境和容量、产业链供应链、产品或服务价格，评价市场饱和程度、项目产品或服务的竞争力，预测产品或服务的市场拥有量，提出市场营销策略等建议。

（四）项目建设内容、规模和产出方案

阐述拟建项目总体目标及分阶段目标，提出拟建项目建设内容和规模，明确项目产品方案或服务方案及其质量要求，并评价项目建设内容、规模以及产品方案的合理性。

（五）项目商业模式

根据项目主要商业计划，分析拟建项目收入来源和结构，判断项目是否具有充分的商业可行性和金融机构等相关方的可接受性。结合项目所在地政府或相关单位可以提供的条件，提出商业模式及其创新需求，研究项目综合开发等模式创新路径及可行性。

三、项目选址与要素保障

（一）项目选址或选线

通过多方案比较，选择项目最佳或合理的场址或线路方案，明确拟建项目场址或线路的土地权属、供地方式、土地利用状况、矿产压覆、占用耕地和永久基本农田、涉及生态保护红线、地质灾害危险性评估等情况。备选场址方案或线路方案比选要综合考虑规划、技术、经济、社会等条件。

（二）项目建设条件

分析拟建项目所在区域的自然环境、交通运输、公用工程等建设条件。其中，自然环境条件包括地形地貌、气象、水文、泥沙、地质、地震、防洪等；交通运输条件包括铁路、公路、港口、机场、管道等；公用工程条件包括周边市政道路、水、电、气、热、消防和通信等。阐述施工条件、生活配套设施和公共服务依托条件等。改扩建工程要分析现有设施条件的容量和能力，提出设施改扩建和利用方案。

（三）要素保障分析

土地要素保障。分析拟建项目相关的国土空间规划、土地利用年度计划、建设用地控制指标等土地要素保障条件，开展节约集约用地论证分析，评价用地规模和功能分区的合理性、节地水平的先进性。说明拟建项目用地总体情况，包括地上（下）物情况等；涉及耕地、园地、林地、草地等农用地转为建设用地的，说明农用地转用指标的落实、转用审批手续办理安排及耕地占补平衡的落实情况；涉及占用永久基本农田的，说明永久基本农田占用补划情况；如果项目涉及用海用岛，应明确用海用岛的方式、具体位置和规模等内容。

资源环境要素保障。分析拟建项目水资源、能源、大气环境、生态等承载能力及其保障条件，以及取水总量、能耗、碳排放强度和污染减排指标控制要求等，说明是否存在环境敏感区和环境制约因素。对于涉及用海的项目，应分析利用港口岸线资源、航道资源的基本情况及其保障条件；对于需围填海的项目，应分析围填海基本情况及其保障条件。

四、项目建设方案

（一）技术方案

通过技术比较提出项目生产方法、生产工艺技术和流程、配套工程（辅助生产和公用工程等）、技术来源及其实现路径，论证项目技术的适用性、成熟性、可靠性和先进性。对于专利或关键核心技术，需要分析其获取方式、知识产权保护、技术标准和自主可控性等。简述推荐技术路线的理由，提出相应的技术指标。

（二）设备方案

通过设备比选提出拟建项目主要设备（含软件）的规格、数量和性能参数等内容，论述设备（含软件）与技术的匹配性和可靠性、设备和软件对工程方案的设计技术需求，提出关键设备和软件推荐方案及自主知识产权情况。必要时，对关键设备进行单台技术经济论证。利用和改造原有设备的，提出改造方案及其效果。涉及超限设备的，研究提出相应的运输方案，特殊设备提出安装要求。

（三）工程方案

通过方案比选提出工程建设标准、工程总体布置、主要建（构）筑物和系统设计方案、外部运输方案、公用工程方案及其他配套设施方案，明确工程安全质量和安全保障措施，对重大问题制定应对方案。涉及分期建设的项目，需要阐述分期建设方案；涉及重大技术问题的，还应阐述需要开展的专题论证工作。

（四）资源开发方案

对于资源开发类项目，应依据资源开发规划、资源储量、资源品质、赋存条件、开发价值等，研究制定资源开发和综合利用方案，评价资源利用效率。

（五）用地用海征收补偿（安置）方案

涉及土地征收或用海海域征收的项目，应根据有关法律法规政策规定，确定征收补偿（安置）方案，包括征收范围、土地现状、征收目的、补偿方式和标准、安置对象、安置方式、社会保障等内容。用海用岛涉及利益相关者的，应根据有关法律法规政策规定等，确定利益相关者协调方案。

（六）数字化方案

对于具备条件的项目，研究提出拟建项目数字化应用方案，包括技术、设备、工程、建设管理和运维、网络与数据安全保障等方面，提出以数字化交付为目的，实现设计—施工—运维全过程数字化应用方案。

（七）建设管理方案

提出项目建设组织模式、控制性工期和分期实施方案，确定项目建设是否满足投资管理合规性和施工安全管理要求。如果涉及招标，明确招标范围、招标组织形式和招标方式等。

五、项目运营方案

（一）生产经营方案

对于产品生产类企业投资项目，提出拟建项目的产品质量安全保障方案、原材料供应保障方案、燃料动力供应保障方案以及维护维修方案，评价生产经营的有效性和可持续性。

对于运营服务类企业投资项目，明确拟建项目运营服务内容、标准、流程、计量、运营维护与修理，以及运营服务效率要求等，研究提出运营服务方案。

（二）安全保障方案

分析项目运营管理中存在的危险因素及其危害程度，明确安全生产责任制，设置安全管理机构，建立安全管理体系，提出安全防范措施，制定项目安全应急管理预案。

（三）运营管理方案

简述拟建项目的运营机构设置方案，明确项目运营模式和治理结构要求，简述项目绩效考核方案、奖惩机制等。

六、项目投融资与财务方案

（一）投资估算

说明投资估算编制范围、编制依据，估算项目建设投资、流动资金、建设期融资费用，明确建设期内分年度资金使用计划。

（二）盈利能力分析

根据项目性质，选择适合的评价方法，估算项目营业收入和补贴性收入及各种成本费用，并按相关行业要求提供量价协议、框架协议等支撑材料，分析项目的现金流入和流出情况，构建项目利润表和现金流量表，计算财务内部收益率、财务净现值等指标，评价项目的财务盈利能力，并开展盈亏平衡分析和敏感性分析，根据需要分析拟建项目对企业整体财务状况的影响。

（三）融资方案

结合企业自身及其股东出资能力，分析项目资本金和债务资金来源及结构、融资成本以及资金到位情况，评价项目的可融资性。结合企业和项目经济、社会、环境等评价结果，研究项目获得绿色金融、绿色债券支持的可能性。对于具备条件的基础设施项目，研究提出项目建成后通过基础设施领域不动产投资信托基金（REITs）等模式盘活存量资产、实现投资回收的可能性。企业拟申请政府投资补助或贴息的，应根据相关要求研究提出拟申报投资补助或贴息的资金额度及可行性。

（四）债务清偿能力分析

按照负债融资的期限、金额、还本付息方式等条件，分析计算偿债备付率、利息备付率等债务清偿能力评价指标，判断项目偿还债务本金及支付利息的能力。必要时，开展项目资产负债分析，计算资产负债率等指标，评价项目资金结构的合理性。

（五）财务可持续性分析

根据投资项目财务计划现金流量表，统筹考虑企业整体财务状况、总体信用及综合融资能力等因素，分析投资项目对企业的整体财务状况影响，包括对企业的现金流、利润、营业收入、资产、负债等主要指标的影响，判断拟建项目是否有足够的净现金流量，确保维持正常运营及保障资金链安全。

七、项目影响效果分析

（一）经济影响分析

对于具有明显经济外部效应的企业投资项目，论证项目费用效益或效果，以及重大项目可能对宏观经济、产业经济、区域经济等产生的影响，评价拟建项目的经济合理性。

（二）社会影响分析

通过社会调查和公众参与，识别项目主要社会影响因素和关键利益相关者，分析不同目标群体的诉求及其对项目的支持程度，评价项目在带动当地就业、促进企业员工发展、社区发展和社会发展等方面的社会责任，提出减缓负面社会影响的措施或方案。

（三）生态环境影响分析

分析拟建项目所在地的生态环境现状，评价项目在污染物排放、地质灾害防治、防洪减灾、水土流失、土地复垦、生态保护、生物多样性和环境敏感区等方面的影响，提出生态环境影响减缓、生态修复和补偿等措施，以及污染物减排措施，评价拟建项目能否满足有关生态环境保护政策要求。

（四）资源和能源利用效果分析

对于占用重要资源的项目，分析项目所需消耗的资源品种、数量、来源情况，以及非常规水源和污水资源化利用情况，提出资源综合利用方案和资源节约措施，计算采取资源节约和资源化利用措施后的资源消耗总量及强度。计算采取节能措施后的全口径能源消耗总量、原料用能消耗量、可再生能源消耗量等指标，评价项目能效水平以及对项目所在地区能耗调控的影响。

（五）碳达峰碳中和分析

对于高耗能、高排放项目，在项目能源资源利用分析基础上，预测并核算项目年度碳排放总量、主要产品碳排放强度，提出项目碳排放控制方案，明确拟采取减少碳排放的路径与方式，分析项目对所在地区碳达峰碳中和目标实现的影响。

八、项目风险管控方案

（一）风险识别与评价

识别项目市场需求、产业链供应链、关键技术、工程建设、运营管理、投融资、财务效益、生态环境、社会影响、网络与数据安全等方面的风险，分析各风险发生的可能性、损失程度，以及风险承担主体的韧性或脆弱性，判断各风险后果的严重程度，研究确定项目面临的主要风险。

（二）风险管控方案

结合项目特点和风险评价，有针对性地提出项目主要风险的防范和化解措施。重大项目应当对社会稳定风险进行调查分析，查找并列出风险点、风险发生的可能性及影响程度，提出防范和化解风险的方案措施，提出采取相关措施后的社会稳定风险等级建议。对可能引发"邻避"问题的，应提出综合管控方案，保证影响社会稳定的风险在采取措施后处于低风险且可控状态。

（三）风险应急预案

对于拟建项目可能发生的风险，研究制定重大风险应急预案，明确应急处置及应急演练要求等。

九、研究结论及建议

（一）主要研究结论

从建设必要性、要素保障性、工程可行性、运营有效性、财务合理性、影响可持续性、风险可控性等维度分别简述项目可行性研究结论，重点归纳总结拟推荐方案的项目市场需求、建设内容和规模、运营方案、投融资和财务效益，并评价项目各方面的效果和风险，提出项目是否可行的研究结论。

（二）问题与建议

针对项目需要重点关注和进一步研究解决的问题，提出相关建议。

十、附表、附图和附件

根据项目实际情况和相关规范要求，研究确定并附具可行性研究报告必要的附表、附图和附件等。

关于投资项目可行性研究报告编写大纲说明

（2023年版）

一、制定目的

党的二十大报告指出，要加快构建新发展格局，着力推动高质量发展。高质量发展需要高质量的投资，高质量的投资需要高质量的投资决策，而可行性研究是投资决策的核心环节。要坚持科学决策、民主决策、依法决策，提升我国投资项目前期论证的质量和水平，实现投资高质量发展，就必须强化投资项目可行性研究的基础作用。

为贯彻落实党的二十大精神，加强对项目前期工作的政策指导，巩固和深化投融资体制改革成果，推动投资高质量发展，根据《政府投资条例》《企业投资项目核准和备案管理条例》等规定，在2002年发布的《投资项目可行性研究指南（试用版）》基础上，经深入调查研究、广泛征求意见，制定了《政府投资项目可行性研究报告编写通用大纲（2023年版）》（以下简称《通用大纲》）和《企业投资项目可行性研究报告编写参考大纲（2023年版）》（以下简称《参考大纲》，两个大纲以下统称投资项目可行性研究报告编写大纲），供有关方面借鉴和参考。

投资项目可行性研究报告编写大纲是对项目可行性研究报告编写内容和深度的一般要求。为更好适应不同行业领域的特点和具体要求，相关管理部门或机构可参照两个编写大纲，在充分反映行业特殊性、根据实际需要对两个编写大纲有关内容进行合理调整的基础上，制定适用具体行业或领域的可行性研究报告编写大纲。

二、适用范围

（一）适用领域

投资项目可行性研究报告编写大纲用于指导有关方面开展投资项目的可行性研究工作，适用于我国境内各行业各类项目的可行性研究工作，其研究成果作为投资主体内部决策、政府审批和核准及备案、银行审贷、投资合作、工程设计、项目实施、竣工验收，以及项目后评价等工作的基本依据。其中，政府投资项目可行性研究报告原则上应按照《通用大纲》进行编写，以保障政府投资项目前期工作质量，提升投资决策的科学化和规范化水平。《参考大纲》在落实企业投资自主权基础上，主要是引导企业重视项目可行性研究，加强投资项目内部决策管理，促进依法合规生产经营，实现健康可持续发展。

（二）适用人群

投资项目可行性研究报告编写大纲是指导全国投资项目开展可行性研究工作的行政规范性文件，主要面向投资建设领域从事可行性研究工作的专业人员，也可供政府部门、企事业单位等从事投资管理工作，银行等金融机构负责投资决策和信贷融资决策人员，以及高等院校相关专业的师生参考使用。

（三）具体项目适用

投资项目可行性研究报告编写大纲是对投资项目可行性研究报告编写内容和深度的基础性要求。项目单位、工程咨询机构等主体在编写具体项目的可行性研究报告时，可结合项目的实际情况，对两个大纲所要求的内容予以适当调整。比如，若论证的项目不涉及编写大纲中的部分内容，可在说明情况后不再予以详细论证；对于编写大纲未涉及的内容，必要时应结合行业特点进行论证。对于建设内容单一、投资规模较小、技术方案简单的项目，可以按照国家有关规定简化编写大纲中的有关内容；对于重大或复杂项目，可行性研究报告正文前面可以形成摘要，综述项目概况、可行性研究过程、主要结论和建议等内容。

三、原则要求

（一）坚持推动高质量发展

编写可行性研究报告要完整、准确、全面贯彻新发展理念，坚持以人民为中心的发展思想，更加注重发挥宏观战略、发展规划和产业政策的引领作用。同时，要立足投资项目全生命周期管理，研究借鉴可持续发展要求，更加注重经济、社会、环境评价等新理念新方法的应用，将绿色发展、自主创新、共同富裕、国家安全、风险管理等理念以及投资建设数字化等要求融入可行性研究，推动建立适应高质量发展的投资项目可行性研究制度规范。

（二）坚持政府投资项目和企业投资项目分类管理

可行性研究应充分发挥市场在资源配置中的决定性作用，更好发挥政府作用，根据政府投资项目和企业投资项目分类管理要求，明确政府投资项目和企业投资项目可行性研究的不同侧重。其中，政府投资项目可行性研究应突出经济社会综合效益，并根据经济社会发展需要和财政可负担性，合理确定建设标准、建设内容、投资规模等，防范地方政府隐性债务风险；企业投资项目可行性研究应突出经济性，聚焦企业自主投资决策所关注的投资收益、市场风险规避等内容，引导企业提高投资决策的科学性和财务的可持续性。

（三）坚持以"三大目标、七个维度"为核心内容

围绕投资项目建设必要性、方案可行性及风险可控性三大目标开展系统、专业、深入论证，重点把握"七个维度"的研究内容。其中，项目建设必要性应从需求可靠性维度研究得出结论，项目方案可行性应从要素保障性、工程可行性、运营有效性、财务合理性和影响可持续性等五个维度进行研究论证，项目风险可控性应通过各类风险管控方案维度研究得出结论。

四、项目可行性研究报告的主要内容及编写说明

（一）概述

拟建项目和项目单位基本情况是项目决策机构掌握项目全貌、决定是否建设

的前提和基础，也是投资项目可行性研究报告的重要内容。

"项目概况"是对拟建项目的建设地点、建设内容和规模、总体布局、主要产出、总投资和资金来源、主要技术经济指标等内容的阐述，为项目决策机构对拟建项目的相关事项开展分析评价奠定基础。

"项目单位（企业）概况"是对项目单位基本信息的阐述，为项目决策机构分析判断项目单位是否具备承担拟建项目的能力、国有控股企业是否聚焦主责主业等提供依据。拟新组建项目法人的，提出项目法人组建方案。政府资本金注入项目还需简述项目法人基本信息、投资人（或者股东）构成及政府出资人代表等情况。

"编制依据"主要说明拟建项目取得相关前置性审批要件、主要标准规范及专题研究成果等情况，为相关研究评价和数据提供来源和支撑。

"主要结论和建议"简述可行性研究的主要结论和建议，必要时可进行列表展示。

（二）项目建设背景和必要性

"项目建设背景"主要简述项目提出背景、前期工作进展等情况，便于项目决策机构掌握项目来源、工作基础和需要解决的重要问题等。说明项目投资管理手续办理情况，如建设项目用地预审与选址意见书、环境影响评价、排污许可、文物保护、矿产压覆、水土保持、地震安全性评价等行政审批手续，以及相关手续取得的保障条件。

"规划政策符合性"应体现经济社会发展战略和规划，从扩大内需、共同富裕、乡村振兴、科技创新、节能减排、碳达峰碳中和、国家安全、基本公共服务保障等重大政策目标层面进行分析，研究提出项目建设的必要性，评价项目与战略目标、政策要求的一致性。

"项目建设必要性"主要从宏观、中观和微观层面展开分析，研究项目建设的理由和依据。对于主要满足社会公共需求的非经营性项目，应进行社会需求研究，通过对项目的产出品、投入品或服务的社会容量、供应结构和数量等进行分析，为确定项目的目标受益群体、建设规模和服务方案提供依据。

（三）项目需求分析与产出方案

"需求分析"要根据经济社会发展规划、国家和地方标准规范以及项目自身特点，通过文案资料、现场调研、数字化技术等方法，分析需求现状和未来预期等情况，研究提出拟建项目近期和远期目标、产品或服务的需求总量及结构，为研究确定项目建设内容和规模提供支撑。对于重大项目，应立足于构建以国内大循环为主体、国内国际双循环相互促进的新发展格局，研究两个市场、两种资源，促进畅通循环，论证产业链供应链的韧性和安全性。企业投资项目以满足市场需求为导向，应结合"企业发展战略需求分析"，更多从"项目市场需求分析"、市场竞争力等角度研究论证项目建设的必要性。

"项目建设内容和规模""产出方案"在需求分析基础上，阐述拟建项目总体目标及分阶段目标，提出拟建项目建设内容和规模，明确项目产品方案或服务方案及其质量要求，并评价项目建设内容、规模以及产品方案的合理性。企业投资项目还要研究"项目商业模式"，分析拟建项目收入来源和结构，判断项目是否具有充分的商业可行性和金融机构等相关方的可接受性，并研究项目综合开发等模式创新路径及可行性。

（四）项目选址与要素保障

"项目选址或选线"应坚持国土空间"唯一性"要求，从规划条件、技术条件、经济条件和资源节约集约利用等方面，以国土空间规划和用途管制规则为基本依据，基于国土空间规划"一张图"，将耕地和永久基本农田保护、生态红线保护、节约集约利用土地作为方案比选核心要素，对拟定的备选场址方案或线路方案进行比较和择优。选址方案研究应鼓励公众参与，充分考虑不同影响和风险因素的早期筛查判断和初步分析成果，并结合利益相关方的诉求或建议反馈，完善和优化选址选线方案。

"项目建设条件"主要分析拟建项目所在地的自然环境、交通运输、公用工程等支撑项目建设的外部因素。

"要素保障分析"包括土地要素保障，以及水资源、能耗、碳排放强度和污染减排指标控制要求及保障能力等。对于新占用土地的投资项目，应当明确拟建项目场址或选线的土地权属、供地方式、土地利用状况、矿产压覆、占用耕地和永久基本农田、涉及生态保护红线、地质灾害危险性评估等情况。对于涉及新增占用耕地的项目，应明确耕地占补平衡落实方案。对于涉及耕地、永久基本农田、生态保护红线的项目，开展节约集约用地研究，评价土地资源节约集约利用水平。根据"要素跟着项目走"原则，重大项目应根据法规政策要求，提出要素予以特别保障的方案。企业投资项目应鼓励市场化配置资源，重点分析项目亟需的用地、用能、碳排放等要素的可得性。

（五）项目建设方案

项目建设方案主要从工程技术方案及工程实体建设的角度研究工程可行性，在绿色低碳、节约集约、智慧创新、安全韧性等方面加强比选。为有序推进项目实施，建设方案要对项目组织实施、工期安排、招标方案等进行分析，明确"建设管理方案"，并根据项目实际情况研究提出"数字化方案"，促进投资建设全过程数字化应用。同时，要对项目"技术方案""设备方案""工程方案"的合理性、先进性、适用性、自主性、可靠性、安全性、经济性等进行多方案比选，研究工程技术方案的可行性。根据生态文明建设、推进绿色发展、全面节约资源等要求，"工程方案"应重视节约集约用地、绿色建材、绿色建筑、超低能耗建筑、装配式建筑、生态修复等绿色及韧性工程相关内容。

"用地用海征收补偿（安置）方案"应根据有关法律法规政策规定，对于投资项目涉及土地征收或用海海域征收的，明确征收范围、土地现状、征收目的、补偿方式和标准、安置对象、安置方式、社会保障、补偿（安置）费用等内容。其中，土地征收涉及补偿和安置等内容，用海征收一般只涉及补偿，不涉及安置。项目土地征收需要采取集中安置的，应提出集中安置点规划设计方案。项目采取过渡安置方式的，应明确过渡期限等，并分析其合理性。项目用地征收补偿（安置）方案应保证被征地农民原有生活水平不降低、长远生计有保障。

（六）项目运营方案

可行性研究要改变"重建设、轻运营"的做法，强调项目全生命周期的方案优化和系统性论证，既要重视工程建设方案可行性研究，也要重视项目建成后的运营方案可行性研究。同时，还要结合项目的工程技术特点，遵循有关部门颁布的各类运营管理标准（包括强制性标准和参考性标准等），确保满足产品或服务质量、安全标准等要求。

运营方案要重视研究"运营模式选择"和创新。政府投资项目要评价市场化运营的可行性和利益相关方的可接受性，企业投资项目要确定"生产经营方案"，突出运营有效性。项目运营需要研究"运营组织方案"，并制定项目全生命周期关键绩效指标和绩效管理机制，提出项目主要投入产出效率、直接效果、外部影响和可持续性等绩效管理要求，即"绩效管理方案"。

项目运营要牢固树立安全发展理念，提出"安全保障方案"，明确安全生产责任和应急管理要求，强化运营单位主体责任，落实政府监管要求。

（七）项目投融资与财务方案

项目投融资与财务方案是在明确项目产出方案、建设方案和运营方案的基础上，研究项目投资需求和融资方案，计算有关财务评价指标，评价项目盈利能力、偿债能力和财务持续能力，据以判断拟建项目的财务合理性，分析项目对不同主体的价值贡献，为项目投资决策、融资决策和财务管理提供依据。

可行性研究阶段对项目"投资估算"的准确度要求在 ±10% 以内，以切实提高投资估算的精度，为项目全过程投资控制提供依据。政府投资项目的投资估算应依据国家颁布的投资估算编制办法和指标进行编制。投资估算要充分考虑项目周期内有关影响和风险管理的费用安排，如环境保护与治理、社会风险防范与管控、节能与减碳、安全与卫生健康等相关建设投入和费用支出等。

对于政府资本金注入项目和企业投资项目，"盈利能力分析"是项目财务方案的重要内容。项目"融资方案"是在对项目自身盈利能力进行分析的基础上，研究项目的可融资性，以及采用政策性开发性金融工具、发行产业基金、权益型金融工具、专项债等融资方式的可行性。债务融资的投资项目要重视评价债务清偿能力；如果项目经营期出现经营净现金流量不足，还应研究提出资金接续方案，重点评价项目财务可持续性。

项目"盈利能力分析"重点是现金流分析，通过相关财务报表计算财务内部收益率、财务净现值等指标，判断投资项目盈利能力。财务收入是构成投资项目财务现金流入的主要来源；成本费用是项目产品定价的基础，也是项目财务现金流出的主要构成。对于没有营业收入的非经营性项目，可不进行盈利能力分析，主要开展项目建设和运营阶段资金平衡分析，提出开源节流措施。如果营业收入不足以覆盖项目成本费用，应研究提出可行性缺口补助方案。

为了适应投资项目融资主体多元化、融资渠道多样化、融资方式复杂化的变化，项目"融资方案"研究需要强化对融资结构、融资成本和融资风险等的分析。政府投资项目要从公共财政角度分析论证财政资金支持的必要性、支持途径和方式，以及资金筹措替代方案等，关注如何更好发挥政府作用。企业投资项目要关注项目业主、出资人、股东合法权益和价值实现，从财务管理的角度设计合理的投资模式和融资方案，评价项目的可融资性。综合性开发项目需要关注项目潜在综合收益，拓展项目市场化发展空间。基础设施项目应根据需要，研究项目建成后采取基础设施领域不动产投资信托基金（REITs）等方式盘活存量资产、实现项目投资回收的路径。

"债务清偿能力分析"是论证项目计算期内是否有足够的现金流量，按照债务偿还期限、还本付息方式偿还项目的债务资金，从而判断项目支付利息、偿还到期债务的能力。政府投资或付费类项目还要分析评价当地财政可负担性和是否可能引发隐性债务等情况。

"财务可持续性分析"是根据财务计划现金流量表，综合考察项目计算期内各年度的投资活动、融资活动和经营活动所产生的各项现金流入和流出，计算净现金流量和累计盈余资金，判断项目是否有足够的净现金流量维持项目的正常运营。

（八）项目影响效果分析

可行性研究报告应重视经济社会、资源环境等外部影响效果的评价，并注意与节能评价、环境影响评价等专项评价的结果相衔接。

"经济影响分析"是从经济资源优化配置的角度，利用经济费用效益分析或经济费用效果分析等方法，评价项目投资的真实经济价值，判断项目投资的经济合理性，从而确保项目取得合理的经济影响效果。重大投资项目还要分析其对宏观经济、区域经济和产业经济的影响。

"社会影响分析"主要从项目可能产生的社会影响、社会效益和社会接受性等方面，研究项目对当地产生的各种社会影响，评价项目在促进个人发展、社区发展和社会发展等方面的社会责任，并提出减缓负面社会影响的措施和方案。

"生态环境影响分析"是从推动绿色发展、促进人与自然和谐共生的角度，分析拟建项目所在地的生态环境现状，评价项目在污染物排放、生态保护、生物多样性和环境敏感区等方面的影响。

"资源和能源利用效果分析"是从实施全面节约战略、发展循环经济等角度，分析论证除了项目用地（海）之外的各类资源节约集约利用的合理性和有效性，提出关键资源保障和供应链安全等方面的措施，评价项目能效水平以及对当地能耗调控的影响。

"碳达峰碳中和分析"通过估算项目建设和运营期间的年度碳排放总量和强度，评价项目碳排放水平，以及与当地"双碳"目标的符合性，提出生态环境保护、碳排放控制措施。

此外，根据项目特点和实际需要，还可以开展安全影响效果论证，更好统筹发展和安全，提升供应链韧性和安全水平，实现经济效益、社会效益、生态效益和安全效益相统一。

（九）项目风险管控方案

可行性研究应重视风险管控，确保有效规避项目全生命周期风险。"风险识别与评价"主要是识别项目存在的各种潜在风险因素，包括市场需求、要素保障、关键技术、供应链、融资环境、建设运营、财务盈利性、生态环境、经济社会等领域的风险，并分析评价风险发生的可能性及其危害程度，提出规避重大和较大风险的对策措施及应急预案，即"风险管控方案"和"风险应急预案"，建立健全投资项目风险管控机制。

重大项目应当对社会稳定风险进行调查分析，征询相关群众意见，查找并列出风险点、风险发生的可能性及影响程度，提出防范和化解风险的方案措施，提出采取相关措施后的社会稳定风险等级建议。可能引发"邻避"问题的，应提出综合管控方案。要通过深入分析评价，论证相关风险管控方案能否将项目各种风险均降低到可接受的状态。

五、投资项目可行性研究报告与投资决策其他手续的关系

（一）与政府投资项目建议书的关系

政府投资项目建议书重在论述项目建设的必要性，主要对项目的功能定位、主要建设内容和规模、投资匡算、资金筹措、社会效益和经济效益进行初步分析，为后续开展可行性研究提供基础。可行性研究报告主要研究项目建设的技术经济可行性，贯彻多方案比选理念，对项目的建设规模和内容、建设方案、运营方案、融资方案、财务方案、外部影响和效益等方面开展深入研究分析，为政府投资决策提供依据，是项目建议书的深化研究。政府投资项目建议书的编写，可参考《通用大纲》，并对相关内容予以适当简化。

（二）与企业投资项目申请书的关系

企业投资建设属于政府核准目录范围内的项目，须按照规定向核准机关提交项目申请书。项目申请书主要基于可行性研究的成果，重点分析企业投资项目在符合发展建设规划、技术标准和产业政策的前提下，可能产生的资源利用、公共利益等外部影响，旨在获得项目核准许可。企业投资项目可行性研究报告为企业投资决策提供依据，也为项目申请书提供编写基础，可行性研究相关成果可以转化为项目申请书相关内容。

后　记

　　本书由中咨公司《可研指南（2023年版）》编写组研究编制，在国家发展改革委投资司的指导下，采取矩阵、开放的研究形式，中咨公司各部门及外部单位相关专家根据需要，以不同方式参与研究和编写工作。

　　编写过程中，编写组广泛收集国内外投资项目可行性研究相关的指南、手册、规定、管理办法和典型案例，先后召开多种形式的座谈会和研讨会，认真听取并充分吸纳各方面对可行性研究报告编写工作的经验和建议，力求《可研指南（2023年版）》既符合我国投资项目可行性研究的具体实践，又体现新时代高质量发展的理念要求。

主　　　编：苟护生

副　主　编：窦　皓　李开孟　姜富华　徐成彬

主要参编人员：张　蓉　牛耘诗　曹　玫　刘义成　杨凯越　伍　迪
　　　　　　　陈子琦　李　燕　申海燕　张雪飞　夏　雪　李　东
　　　　　　　苗雨菲

（以下人员按姓氏笔画为序）

于　强　王雅慧　木其坚　刘万新　刘玉颖　刘立民
刘学明　吕　涛　朱　军　任景明　苏胜利　李　军
李胜辉　杨瑞波　肖光睿　邹　涤　张英健　张宗玫
张　嫄　陈　力　陈宏能　陈佳鹏　陈绍军　陈继跃
尚　凯　赵　博　赵永辉　侯　宇　施国庆　姜　辉
姚　丽　骆　珉　恽　爽　索筠博　唐巨山　黄　莉
龚和平　梁雨亭　雷爱先